未来が描けていないあなたに

賃貸併用住宅
「稼げるマイホーム」のすすめ

巻頭付録カラー口絵

② 1階住宅＋2階賃貸

利便性の高い1階に住宅部分、入居付けのしやすい2階に賃貸部分を配置した横割りのプラン。住宅部分を1階に配置することで、階段の上り下りを軽減。老後にも安心な設計です。

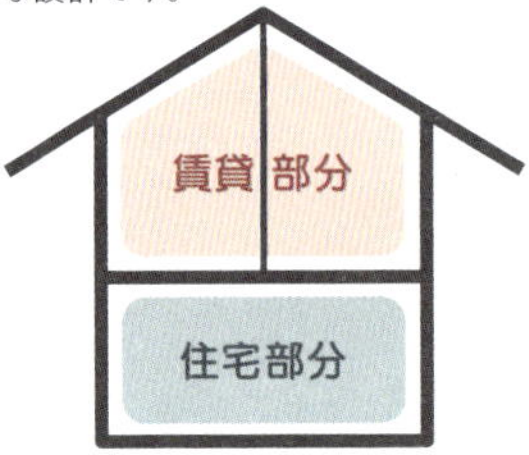

1F
2F

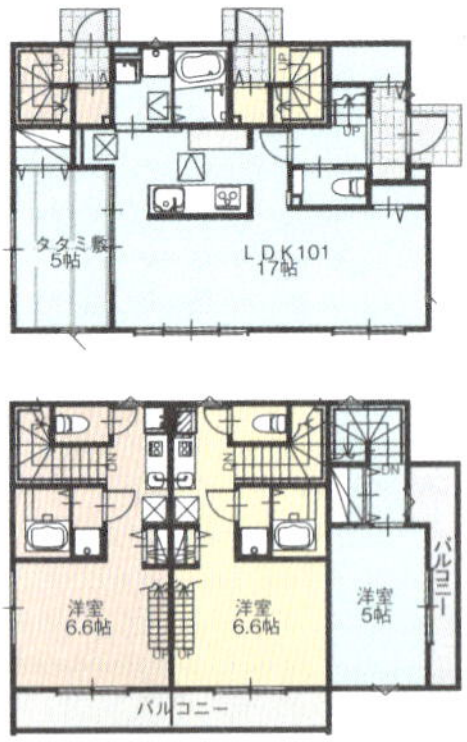

ロフト

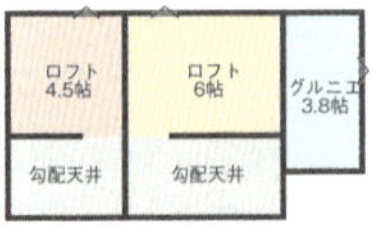

参考プラン
1F：59.62㎡
2F：59.62㎡
延床：119.24㎡
(35.98坪)

③ 縦割りプラン

住宅部分をメゾネットのように、賃貸部分を上下で分ける縦割りプランです。住宅部分の騒音に対応した配置となっています。

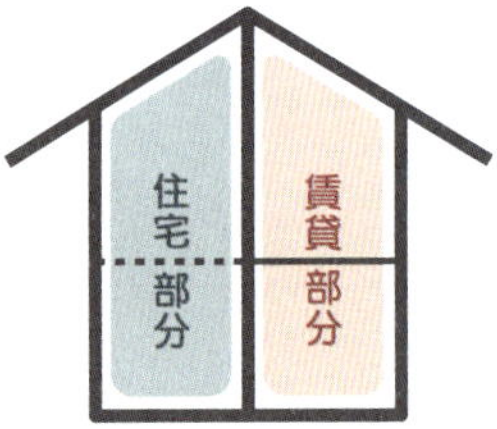

④ 3階プラン

2階の一部と3階部分を住宅部分、1階と2階の一部を賃貸部分に配置した混合プランです。さまざまなプランに組み立てが可能です。最大限に土地を有効活用することができます。

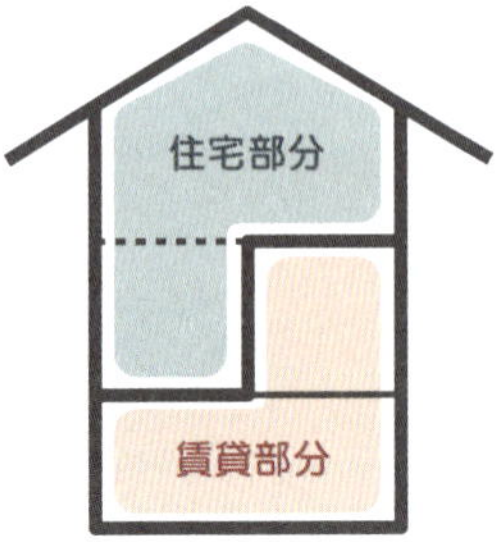

好みに合わせて選べる間取り4タイプ

プランニングパターン

① 1階賃貸＋2階住宅

採光・通風が十分に取れる2階を住宅部分とし、1階を賃貸部分に配置したプランです。住宅部分の騒音にも対応ができます。2階の上部にはロフトも設けられるので、住まいの幅がぐんと広がります。

参考プラン
1F：60.04㎡
2F：54.61㎡
延床：114.65㎡
（34.60坪）

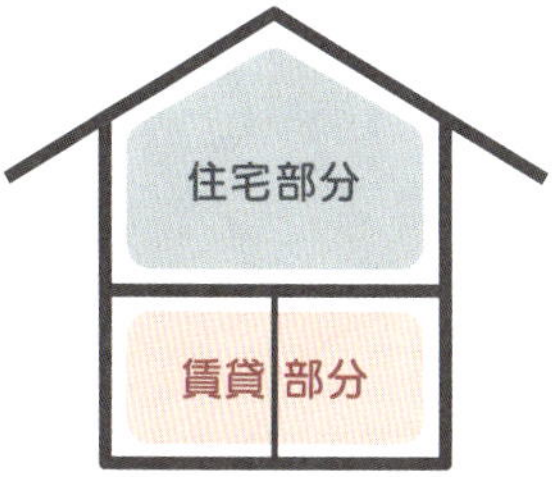

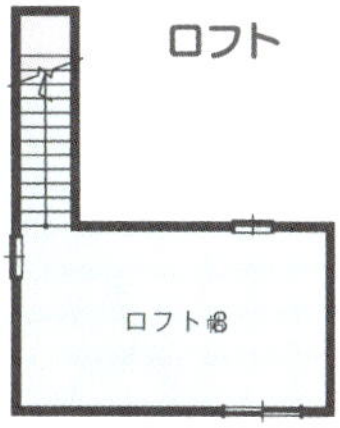

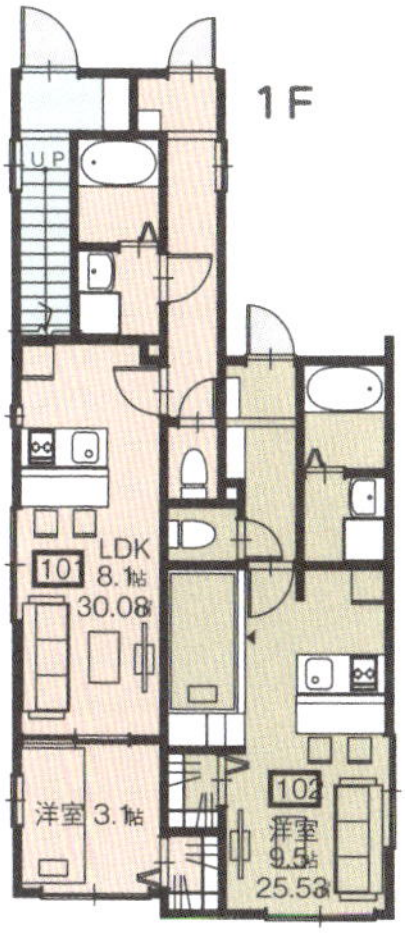

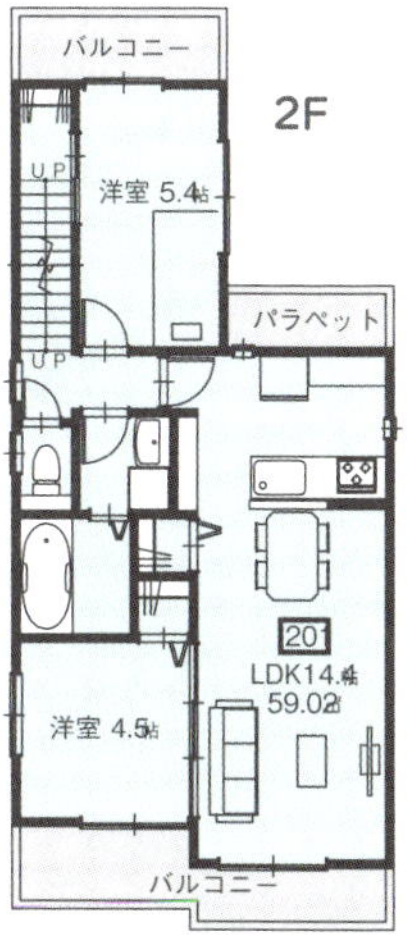

賃貸併用住宅

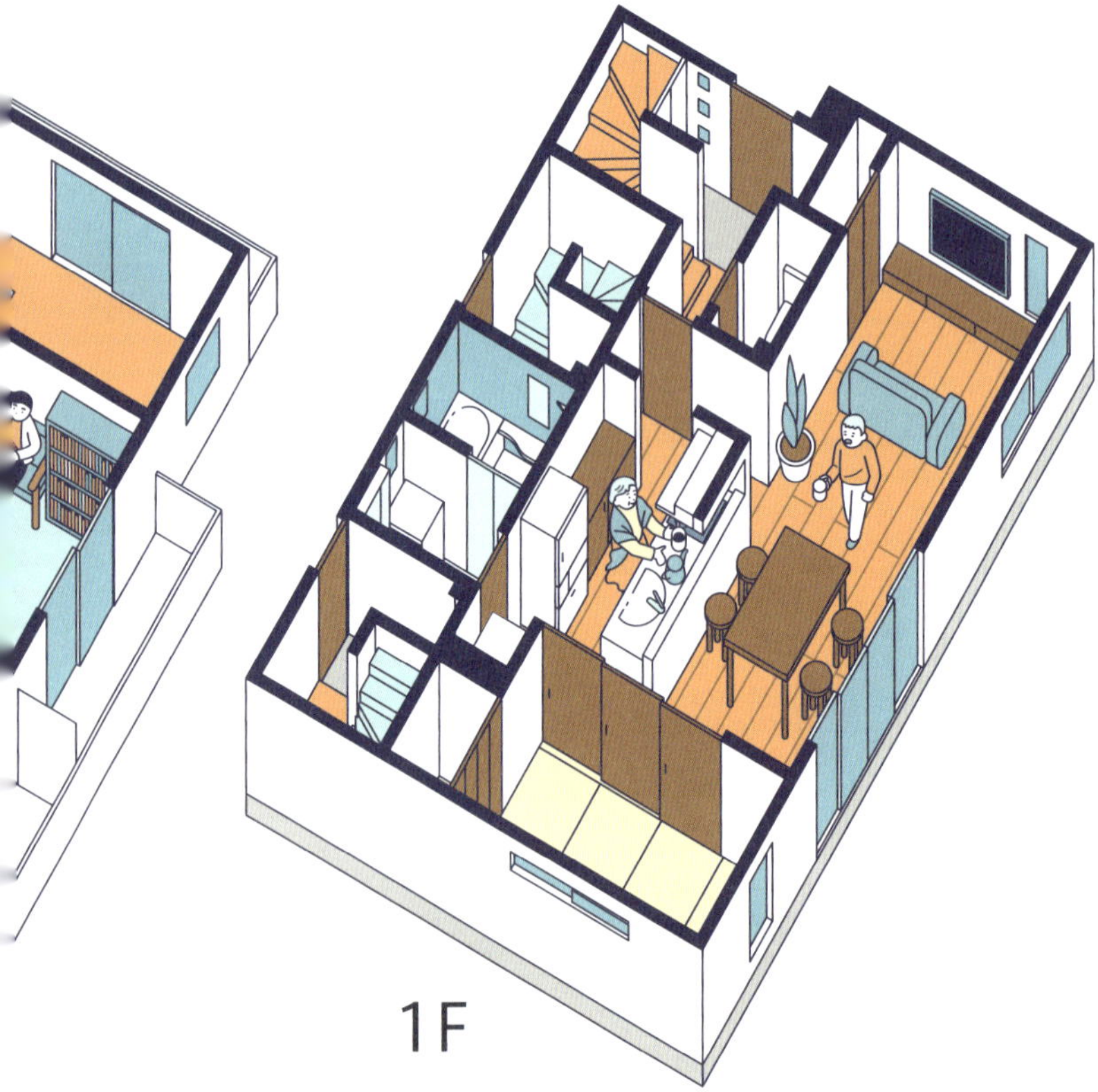

1F

稼げるマイホーム

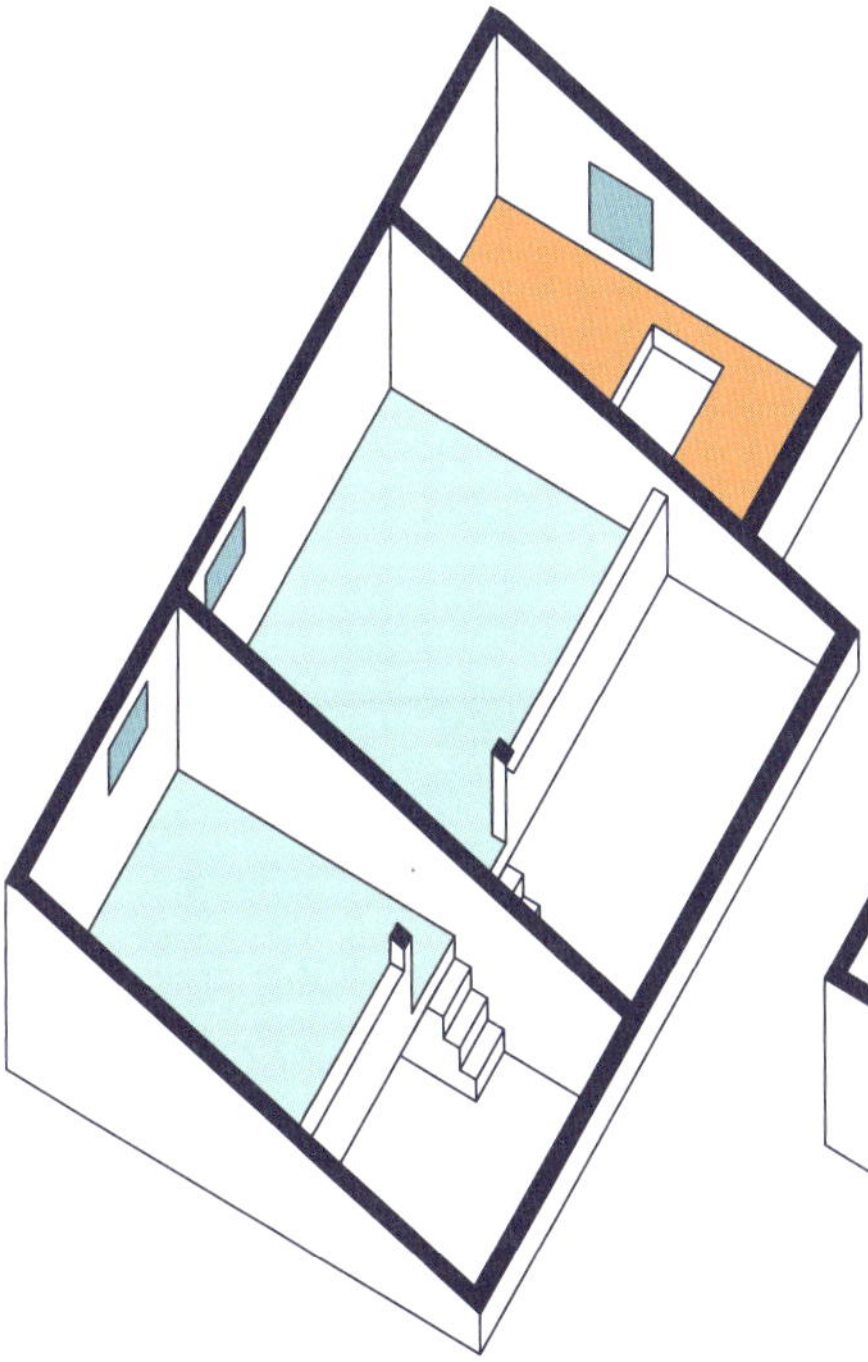

W1350×D600㎜

■対面キッチン

1R（Cabinプラン）/1LDK など

人気の対面キッチンは、Cabinプランの1Rでも設置可能!

IHクッキングヒーターは縦型で、複数人分の調理でも十分なスペースを考慮。

後方には冷蔵庫やレンジラックを置くスペースも確保しているので、1Rでも余裕のある空間となっています!

2口IHクッキングヒーター

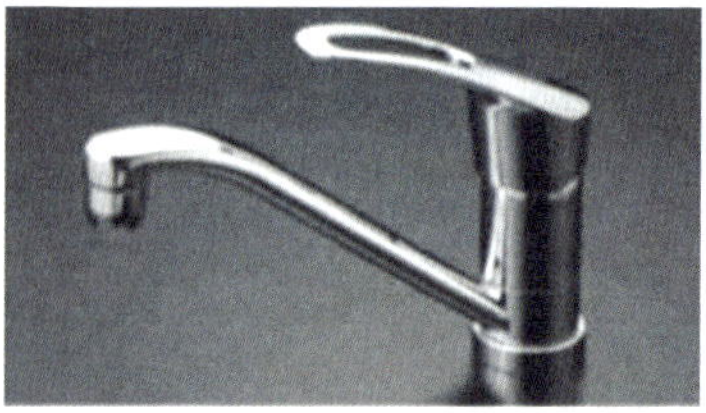

シングルレバー

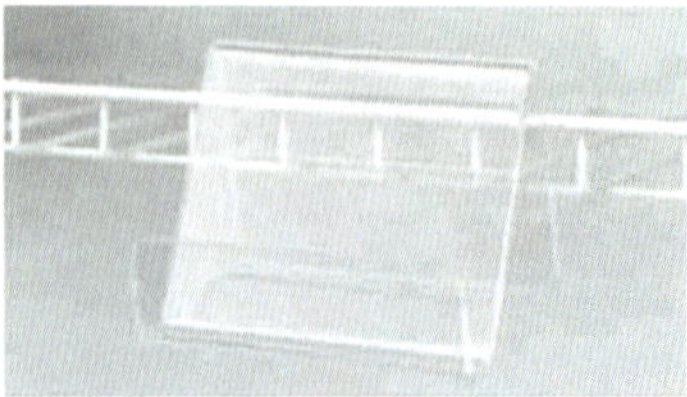

メディアスタンド

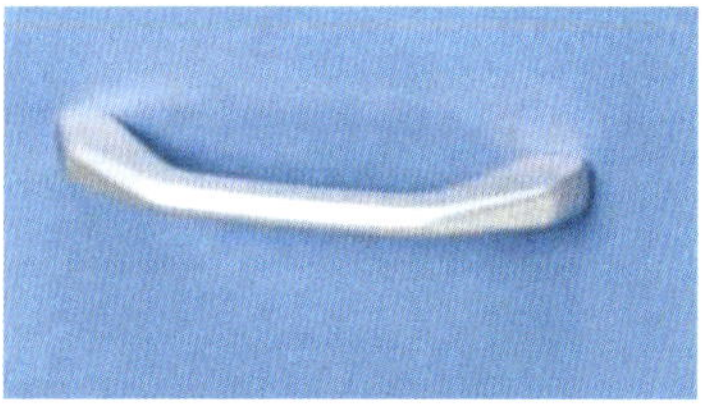

カラー用専用把手

友人とのコミュニケーションに最適な対面キッチン

キッチン

W1200×D500㎜

■壁付けキッチン

1K/2K など

居室空間を広くとれる壁付けタイプ。横型のIHクッキングヒーター部分は、フラットなので調理スペースにも!

上部には2段の棚板と、水切かごにもなる収納スペースを確保。

■施工事例

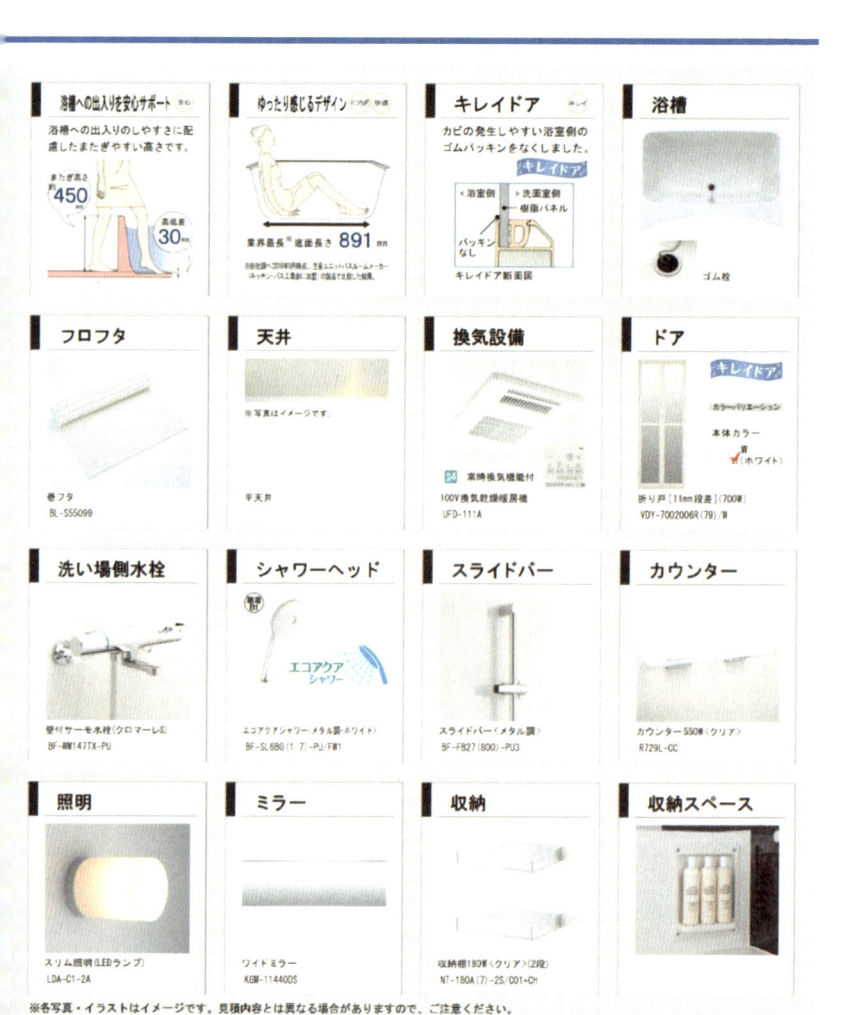

浴槽への出入りを安心サポート（安心）

浴槽への出入りのしやすさに配慮したまたぎやすい高さです。

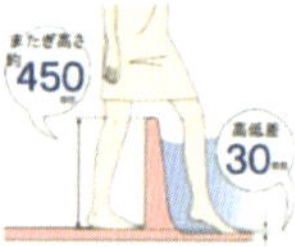

ゆったり感じるデザイン（くつろぎ）（快適）

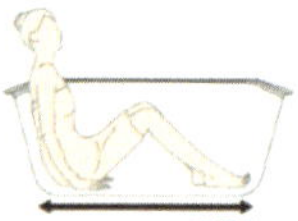

キレイドア（キレイ）

カビの発生しやすい浴室側のゴムパッキンをなくしました。

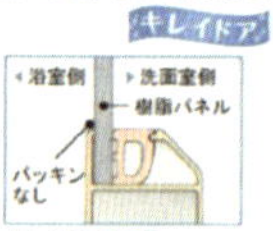

キレイドア断面図

浴槽

ゴム栓

フロフタ

巻フタ
BL-S55099

天井

※写真はイメージです。

平天井

換気設備

24 常時換気機能付

100V換気乾燥暖房機
UFD-111A

ドア

キレイドア

カラーバリエーション

本体カラー

W（ホワイト）

折り戸［11mm段差］(700W)
VDY-7002006R(79)/W

洗い場側水栓

壁付サーモ水栓(クロマーレS)
BF-WM147TX-PU

シャワーヘッド

エコアクアシャワー〈メタル調-ホワイト〉
BF-SL6BG(1 7)-PU/FW1

スライドバー

スライドバー〈メタル調〉
BF-FB27(800)-PU3

カウンター

カウンター550W〈クリア〉
R729L-CC

照明

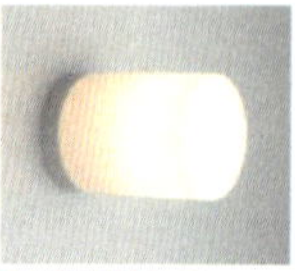

スリム照明(LEDランプ)
LDA-C1-2A

ミラー

ワイドミラー
KGM-11440DS

収納

収納棚180W〈クリア〉(2段)
NT-180A(7)-2S/C01+CH

収納スペース

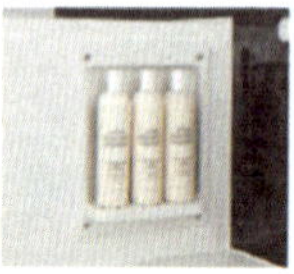

※各写真・イラストはイメージです。見積内容とは異なる場合がありますので、ご注意ください。

高級マンション・ホテル並みのデザインと機能を備えたバスルーム

浴室
＞LIXIL/ユニットバス1014

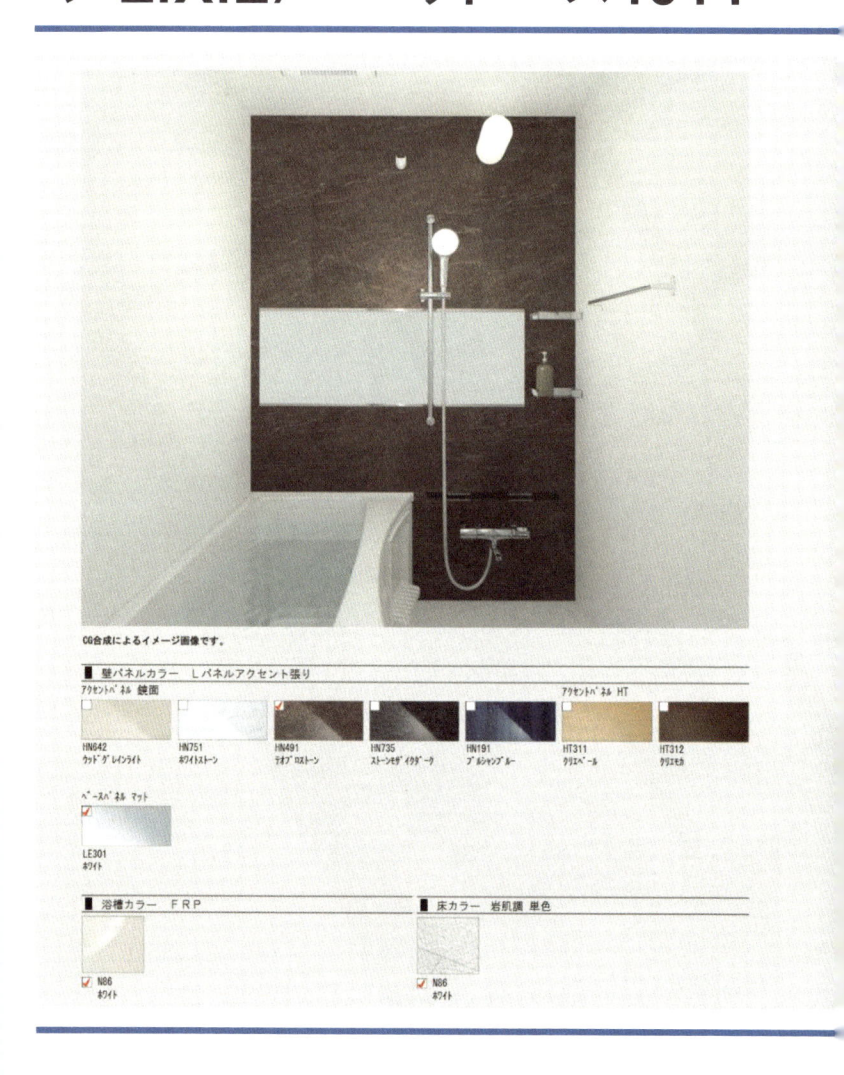

CG合成によるイメージ画像です。

■ 壁パネルカラー　Lパネルアクセント張り

ｱｸｾﾝﾄﾊﾟﾈﾙ 鏡面

- HN642 ｳｯﾄﾞｸﾞﾚｲﾝﾗｲﾄ
- HN751 ﾎﾜｲﾄｽﾄｰﾝ
- ✓ HN491 ﾃｵﾌﾞﾛｽﾄｰﾝ
- HN735 ｽﾄｰﾝﾓｻﾞｲｸﾀﾞｰｸ
- HN191 ﾌﾞﾙｼｬﾝﾌﾞﾙｰ

ｱｸｾﾝﾄﾊﾟﾈﾙ HT

- HT311 ｸﾘｴﾍﾟｰﾙ
- HT312 ｸﾘｴﾓｶ

ﾍﾞｰｽﾊﾟﾈﾙ ﾏｯﾄ

- ✓ LE301 ﾎﾜｲﾄ

■ 浴槽カラー　FRP

- ✓ N86 ﾎﾜｲﾄ

■ 床カラー　岩肌調 単色

- ✓ N86 ﾎﾜｲﾄ

賃貸併用住宅 Cabinシリーズ

暮らす・仕事・睡眠という3つの生活ステージを明確にON・OFFできるプランです。

家主様と入居者様の玄関を分離。動線とプライバシーに配慮した設計になっている

照明デザインにも一工夫。賃貸住宅とは思えない、高級感ある玄関の佇まい

『稼げるマイホーム』外観写真

外観はどう見ても一戸建て住宅。賃貸併用住宅のイメージを一新した設計が『稼げるマイホーム』の特徴

『稼げるマイホーム』内観写真

賃貸併用住宅なのに開放感のあるリビング・ダイニング

左：交流を促進する対面式キッチン。IHなので高齢者も安心。右：間仕切りをなくして一体の空間を演出

スタイリッシュな和洋室デザイン

ロフトに上がる階段は収納としても使える

左:テレワークに最適な2階ワークスペース。右:玄関収納も折り畳み式で一工夫

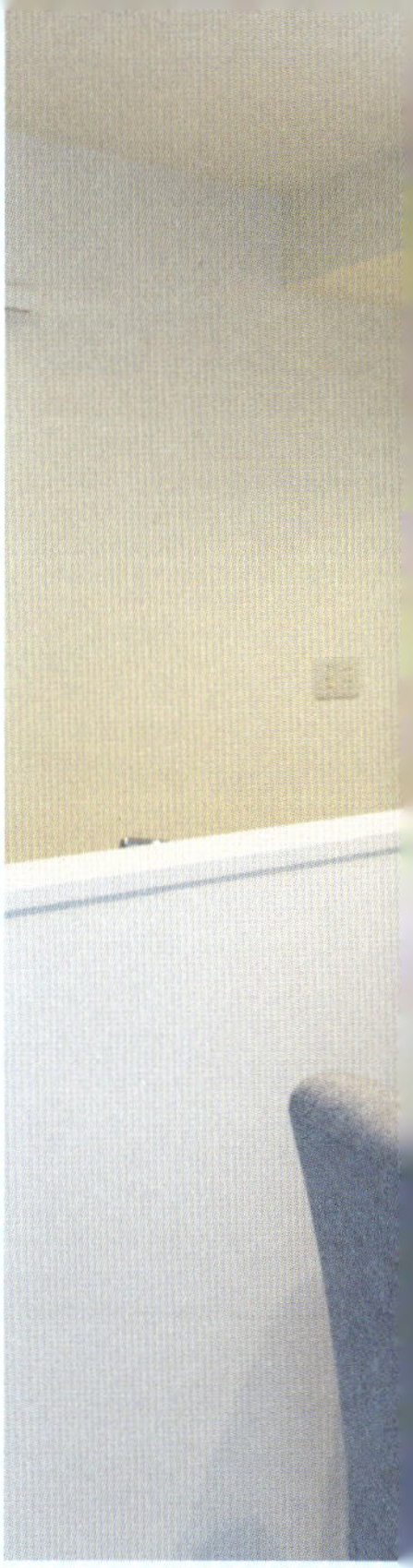

著者近影

著者の椿内学は自称・ノドグロ大王の釣り名人。
大漁に思わず得意顔

未来が描けていないあなたに

賃貸併用住宅
「稼げるマイホーム」のすすめ

株式会社Best Stage
代表取締役社長
椿内 学

CROSSMEDIA PUBLISHING

はじめに

今20～30代の若者が80歳になったとき、ほとんどの人は非常に貧しい生活を強いられる……皆さん、この事実をご存じでしょうか。ひどいパターンでは完全に赤字の家計になり、貯金を食い潰しながら細々と老後を生きなければいけなくなるのです。

この恐ろしい未来図の根拠となる試算については、本書で存分に紹介していきますが、そもそも皆さんは、自分が80歳になったとき、年金やその他の収入がどれくらい入ってくるかを知っているでしょうか？　また、生活費はいくら・どのようにかかってくるか、計算していますか？

さらに、80歳の皆さんの暮らしぶり、住まい……それらがどのようなスタイルになっているのか、イメージはできているでしょうか？

おそらく、明確にこれらの問いに答えられる人は、ほとんどいないのではないかと思います。遠い先の生活はそのときになってから考えればいいや、という気持ちもあるかもしれません。ニュースでは老後のお金の問題などが盛んに報道されていますが、実態として、きっちり計算して老後の生活に備えている人を、私の知る範囲ではほとんど見たことがありません。

このような話をすると、「自分はそんなに長生きしないから少し貯金があれば大丈夫」といって逃げる人もいます。

そんな人に忘れないでほしいのが、「人生100年時代」というフレーズ。人生100年時代とは、簡単にいうと2007年に生まれた子どもの半数は100歳以上まで生きる、という学術的試算に基づく、社会的な提言です。その信憑性はかなり高く、すでに厚生労働省も人生100年時代を見据えた政策の検討をオフィシャルに始めています。

つまり、望む・望まないにかかわらず、皆さんの多くは100歳まで「生きてしまう」未来が想定されるのです。そうなってくると「老後の資金」という課題がぜん、深刻みを帯びてきます。人間が生きるのにはどうしてもお金が必要だからです。

想像してみてください。定年まで一生懸命頑張って働いてきたのに、老後は極貧。孫にお小遣いをあげるどころか我が子の稼ぎで自分の生活の面倒を見てもらわなければならず、趣味に生きる悠々自適の余生は夢のまた夢。そんな生活が人生終盤の20年以上も続く……せっかくの長生きが、リスクになる。老後のお金を緻密に計算して対策を講じなければ、この悲しい未来図は現実のものになってしまうのです。


それでもいい、という人はさすがにいないのではないでしょうか？


しかし、安心してください。

先ほど示した悲しい未来図の実現を防ぎ、悠々自適の老後の人生に向けて備えるシンプルな方法を具体的に示すのが、本書の目的です。

ここで簡単に私の自己紹介をしましょう。私は株式会社BestStageという会社を経営している、椿内学といいます。

私の会社は、不動産の販売から、土地の上に建てる建物の建築までを一貫して行っています。そのうえで、老後の資産を形成する有効な方法として多くのお客さんに支持されているのが、『稼げるマイホーム』というサービスです。

『稼げるマイホーム』とは不動産用語でいうと、「賃貸併用住宅」を指します。賃貸併用住宅とは、一つの一戸建てをいくつかの区分に区切って賃貸アパートとして貸し出し、そのうちの一室にオーナーも居住するという住宅です。そう、『稼げるマイホーム』を建てれば、入居者からの家賃収入を得られる状態を作りつつ、オーナー自身の家も確保できるのです。

本書では、カツノくんという一人のキャラクターのストーリーを紹介します。皆さんの老後の資金問題の深刻さ、資産形成の必要性、さらに『稼げるマイホーム』という手法のすごいパワーについて、カツノくんを通じて追体験してもらえれば幸いです。若い皆さんが豊かな老後を過ごすための答えを見出す助けができれば、著者としてとても嬉しく思います。

目次

第2章

第3章

持ち家を得ながら収益をあげる賃貸併用住宅『稼げるマイホーム』とは？……65

第5章

実践！ 賃貸併用住宅『稼げるマイホーム』を建てよう！

本書の登場人物

カツノ　ハヤトくん

埼玉県出身。年齢は35歳、独身。1部上場企業で営業職についており、年収は600万円。性格はコツコツ型で預金は800万円。投資には興味がなく副収入はありません。結婚は今のところ考えていないようです。仕事と遊びを両立させたく、職場に近い東京の1Rマンションに家賃7万円で住んでいます。最近テレビやネットで日本の貧困老人社会の報道を見て、将来への不安を感じています。

フジオカ　サトシさん

東京都出身の67歳男性。カツノくんの勤める会社の元上役で、現在は顧問。起業家を目指して学習・セミナーへ参加し、新たな人生を目指している、元気おじさんです。カツノくんのことを可愛がっており、何かと気にかけてくれます。カツノくんも、フジオカさんの生き方を尊敬しており、仕事の悩みを相談してアドバイスを受けています。本書のテーマである賃貸併用住宅「稼げるマイホーム」の、最初の購入者です。

著者：椿内　学

株式会社BestStage代表取締役社長。BestStageは埼玉県を中心に2021年5月時点で2819戸の賃貸アパートの建築実績を持ち、99.2%という高い入居率を誇る、賃貸アパート建築請け負い・販売会社です。老後の資産形成の手段である賃貸併用住宅「稼げるマイホーム」の企画開発者です。この企画は、見えない未来に不安を持つ、若者世代の多くに共感を持たれています。趣味は釣り、ノドグロ（アカムツ）を釣らせたら、釣人の中では彼を知らない人はいないそうです。自称ノドグロ大王。

プロローグ

老後の資産形成、
考えないと
ヤバい事態に？

「フジオカさん、少しお時間取れますか」

カツノくんは、フジオカさんに、オフィスで話しかけました。

「どうしたの？」と、フジオカさん。

カツノくん、言葉を選びながら切り出しました。

「2年ほど前に、老後の資産形成をめぐる『2000万円問題』を金融庁の審議会が指針として発表し、国民が不安になりましたよね。麻生太郎副総理兼金融担当大臣は『世間に対して不安や誤解を与えており、政府のスタンスと違う』と述べ、『正式な報告書としては受け取らない』と発言しました」

「そうだね、一時は大騒ぎになり、結局政府は『大丈夫だよ』で軟着陸させようとしたけど、逆に国民の不信感を助長し、デモも起きたね」

「その後、テレビでは『人生100年時代総貧困老人社会』がやってくるとか、『老人の貧困』という特集が多くなっている気がします。しっかり定年まで仕事をしていたのに、貧困老人になってしまう人たちが、あまりにも多く発生する将来を知って、大きなショックを受けました。そして、同時にわかったことが一つあります」

「何がわかったのかな？」

「それは、若いぼくたちがあまりにも老後の世界を知らないことです」

「ふーん、面白いところに気がついたね。昔は大家族で一緒に暮らしていたので、孫は祖父母が老いていく姿を見ながら、自分たちの未来をなんとなく予測できたと思う。しかし、今は核家族が当たり前、さらに生涯単身世代で一生を全うする人が増えてくる現代社会では、老いていく自分を想像することは難しいかもしれないね」

「老後に必要な生活費を、若いうちに用意しておけば解決できることは理解できましたが、いくら必要なのかわからないんです。また50年先の社会は想像できないし、それより貯蓄ができるかどうかも、全く想像できません。フジオカさんと以前飲んだときに、『80歳という未来を30代の君たちが決めるのは難しいけど、イメージをしておくことは大切だよ』と話をしていましたね。どのようなイメージを作っておけばいいか、フジオカさんの経験を教えていただけますか」

「そうだな、50代の頃かな。会社で部長になって、定年までの道も見えてきたときに、定年後どうなっていくのかなと、ふと不安な気持ちになった。今の君と同じ気持ちかもしれない。そこで、最初は65歳からの人生プランを作ってみたんだ。まずは仕事だ、人間はやっぱり仕事をしていることが大切だと思うよ。そこで自分の選択肢を整理してみた。①会社に残り仕事をする。②別の就職先を探す。③起業家になる。④ボランティアで地域貢献。結果、顧問で会社に残ってしまったけど、実は起業家を目指して勉強もしている」

「フジオカさんの話は何を聞いても、わかりやすく、勉強になります」

「次に考えたのが、高齢でも仕事ができるために必要な健康維持だ。農家の人は90歳を超えても野良仕事をしているね。やっぱり健康でないと、仕事もできなくなる……しかしサラリーマンは健康でも65歳を過ぎると、経験を積んだ仕事が途切れるのが、大きな問題だね」

「なるほど」

「そして大切な物はお金だね。そうはいっても人は老いていく。仕事もできなくなるので、どうやって生活費を捻出するかが大きな問題となる。さらに老いていくと、高齢者施設のお世話になる時期も来る。これにもお金がかかるね。さらに、思わぬ問題に気がついたんだ」

「どんな問題ですか？」

「それはね、自分は何歳まで生きるのか、についてなんだよ」

「むっ……」

「カツノくんは何歳まで生きるのかな？」

「わかりませんよ。自分の寿命はわからないです」

「そうなんだよ。自分の寿命は本人もわからないけど、老後の生活設計を考えると、この寿命が大きく影響するんだ。たとえば、60歳から無収入で80歳まで存命の場合。毎月30万円の生活費が必要なら、年間360万円、20年間で7200万円も必要となるんだ。ところが、100歳まで存命したら、1億4400万円も必要となるね。当たり前だけど、長生きすればするほど、お金はたくさんかかるんだ」

「当たり前な話ですが、全く気にとめていませんでした」

「貧困老人社会は、実は超高齢社会が背景になっているんだ。人は長生きすることが幸せなはずだったけど、長生きすることでお金もかかってしまう。そこでみんなのお金が足りなくなり、貧困老人社会ができてしまったんだ。日本は世界でトップの長寿国で、女性の平均寿命は88歳、男性82歳だけど、実際は女性で50％以上の人が90歳以上生きている。カツノくんは健康そうなので、寿命はおそらく110歳かな。ハハハッ」

「えーっ！　あと75年も生きるんですか……」

「やはり、長く想定しておいたほうがいいと思う。今は人生100年時代と言われているので、100歳までの生活費、用意する貯蓄、そのために何歳まで働くのか、働くための健康維持をどうするかを考えないといけない」

「フジオカさん、もう少し具体的に教えていただけますか？」

「なるほど。独身生活を楽しんでいるのかと思ったけど、意外に問題意識を持っているんだね。そういう話なら、いい人を紹介しよう。私が、将来の不安がある事実に気がついた50代のとき、自分の100歳人生設計をやってみた。しかし、50代では、気がついたのが少し遅く、自分の望む生活を全うするための生活費を計算すると、貯蓄と年金ではどうしても不足してしまうことがわかったんだ。もう少し、ゆとりがあれば、なんてコマーシャルが沢山あるよね。まさしくあの世界だったよ」

「それで、どうしたんですか？」

「そのとき、出会ったのが、賃貸アパート建築請負・販売の、埼玉県では優良企業であるBestStage社の椿内社長だった。彼に、老後の人生設計や資金不足について相談をしてみたんだ。そこで彼から思いもよらないアドバイスを受けた」

〜回想〜

椿内さん　「フジオカさん、あなたは最も大切な財産を忘れていませんか？」

フジオカさん　「大切なもの？」

椿内さん「それは、あなたの住んでいるご自宅です」

フジオカさん「確かに自宅は財産価値があり、売れば現金を得られることは、誰でもわかっている。しかし、売ってしまったら住む場所がなくなる。現金は手に入れたけど、賃貸住宅で賃料を払って暮らしていたら、あっという間に手に入れた現金は底をついてしまうね。最近流行っている、『自宅を担保にお金を借りられます』というコマーシャルも一緒だよね」

椿内さん「家を売るのではなく、生かすのです」

フジオカさん「生かす？　どうやって？」

椿内さん「フジオカさんの家には、どなたが住んでいるのですか？」

フジオカさん「子ども達は大学を卒業して、家を出たので、今は夫婦2人だよ」

椿内さん「当然、2階は空いていますよね」

フジオカさん「子ども部屋には思い出もあるので、そのまま残している。空いているといえば確かに誰も使っていないなあ」

椿内さん「フジオカさんが家を5000万円で購入され、50年間住んだ場合、住宅ローン・固定資産税・リフォームで約1億円かかるといわれています」

フジオカさん「1億円かあ……」

椿内さん「高齢世帯では、お子様の空いた部屋や廊下など、未使用の空間が40%はあるといわれています。この、使われていない4000万円の資産を生かすのです」

～回想終わり～

「私はこの話を聞いたとき、頭をガーンと打たれたようだったね。同時に資産について抜本的に考え直す必要に気がついた。眠らせておかないで、生かすことだね」

「で、どうされたのですか?」

「賃貸併用住宅『稼げるマイホーム』に自宅を変身させたのだよ」

「なんですか?　その『稼げるマイホーム』とは」

「詳しくは、椿内社長と会って、じっくり聞くとよく理解できるよ」

「えーっ、不動産会社ですか?　不動産会社の社長なら、『不動産に投資して、資産形成をしましょう』って絶対に言ってきますよね……僕はあまり気乗りがしないなあ」

「カツノくんは投資に興味なさそうだし、住まいも賃貸派なので、いきなり不動産屋を紹介すると、尻込みしてしまう気持ちはわかるよ。しかし彼の話は、不動産に投資していくら儲かるかの話ではなく、見えない未来をどうやって見えるようにするかをわかりやすく教えてくれる。カツノくんが悩んでいる、老後に向けての、自分の未来を整理するために話を聞くだけも、かなり参考になると思うよ」

「フジオカさんがそう言うなら、わかりました」


半信半疑で渋々了解したカツノくんでした。

さて、次の土曜日。カツノくんとフジオカさんはBestStage社のオフィスを訪れました。

オフィスの奥から椿内さんが出てきて、出迎えてくれました。

「フジオカさん、ご無沙汰をしております。本日はご足労いただきありがとうございます。はじめまして、株式会社BestStageの椿内です」

「色黒で漁師みたいな人だな」……カツノくんの最初の印象でした。

椿内さんが、静かな口調で話を始めました。

「カツノくん。フジオカさんから、お話は聞いています。2000万円問題や、貧困老人社会の番組を観ていたら不安になってきたそうですね」

「そうなんです。最近、テレビで貧困老人の特集が多く、観ていたら自分の老後が不安になってしまいました」

「なるほど、よくわかりますね。ところでフジオカさんが、老後資金計画のご相談に見えられたのは、おいくつのときでしたっけ」

「ちょうど50歳になったときでしたね。子どもたちが手離れして、老後の生き方や、生活に掛かるお金を計算してみたら、かなり不安になってきたことを思い出しますね。カツノくんは、35歳だけど老後の生活を真剣に考えて始めていることは素晴らしいと思うね。私の35歳は、明日は明日の風が吹くで、毎晩飲んだくれていましたよ」

一同、笑い。

ひとしきり和んだあと、椿内さんが真剣な顔になってこう言いました。

「さて、カツノくん、どのあたりから相談に乗ればいいかな。具体的に心配している点はある?」

そう聞かれ、カツノくんは戸惑いながら話をはじめました。

「2000万円問題を政府は否定しましたが、今のままだと老後の生活費は絶対に足りないような気がします。テレビでもやたらに、貧困老人社会をクローズアップした番組が増えているような気がします。このままでは、やばいなあとは、思っているのですが……貧困老人にならないためには、まずはなにを知っておかないといけないんでしょう」

カツノくんの言葉を横で聞いたフジオカさん、心なしか口元が緩んでいるようです。

「お、始まりますな。じゃあ、私はこの辺で失礼します」

「えっ！　フジオカさん、一緒に話してくれないんですか」

「カツノくんが、そこまでの意識を持っていれば大丈夫だよ。椿内さんと直接話すことで、未来につながるヒントを得られるはずだよ。私の仕事は顔つなぎまで。私はこの先の自分の未来に向かって、やることがたくさんあるので、ここで失礼するよ」

そう言ってBestStage社を後にしたフジオカさん。椿内さんからいよいよ本題の「はじまり、はじまり」です。

「それでは、ゆとり老人になれるか、貧困老人で人生を終わらせるか、老後に入ってくるお金と、出ていくお金を知ることで、予測してみよう」

椿内さんはそう言って、電卓を手にして、ホワイトボードに向かいました。

第1章

対策なしでは
貧乏老人まっしぐらの
人生100年時代

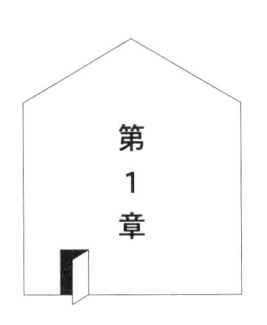

老後の収入と支出はどうなるの？

年金収入は本当に頼れるのか

椿内さん　「カツノくんの不安は、自分も貧困老人になってしまうと思っていることだよね。また、そうならないためにどうすればいいのか、やることが見えていないんだね」

カツノくん　「一言でまとめると、そういうことです」

椿内さん　「貧しくても、夫婦二人でニコニコ生活を送っている人もたくさんいるけど、やはり必要な収入は確保しておいたほうが、安心・安全だと思うよ。ところで必要な収入とは、何だかわかるかな？」

カツノくん　「生活で必要なお金を、確保できることですかね」

椿内さん　「ピンポン……もう少し具体的に説明すると、老後にかかる生活費。これが支出。次に、老後に手に入るお金。これが収入。収入から支出を引いたお金が黒字であれば、必要な収入は確保できている。さらに貯蓄も増えていく」

カツノくん「わかります」

椿内さん「ところが、赤字になるということは、お金が足りなくなる。不足分は貯蓄から切り崩して補塡しなければ生活ができなくなる」

カツノくん「そうか、老後の生活費と、老後の収入、貯蓄がわかれば、貧困になるか、ならないか、ある程度の目安にはなりますね。ところで老後って、どのような収入があるんですか？」

椿内さん「まず、年金だね。簡単に仕組みを説明すると、日本の年金制度は『3階建て』と呼ばれる構造になっている。まず1階部分は、20歳以上60歳未満の全員が加入する国民年金。会社員や公務員であれば加入している厚生年金が2階部分。3階部分は、勤めている企業の企業年金制度や、公務員の年金払い退職金などだ。カツノくん、ねんきんネットで年金の支給予測額を見たことはあるかな？」

カツノくん「はい。僕の場合は、月に16万円くらいでした」

椿内さん「月に16万円。まずはこの金額が、老後収支のベースを考えるうえでの年金収入の基準になるね。カツノくん、副業はやってるかい？」

カツノくん「いいえ、普段の仕事が忙しいし、副業で使えるスキルも特になくて……たぶん、今後も副業をやることはないと思います」

椿内さん「じゃあ、投資はやっている？」

カツノくん「実は職場が同じ友人から金融投資を誘われましたが、友人の行動を見ていると仕事中もスマホが気になり、その結果ミスが多くなって上司からよく注意されていました。それを見て金融投資はやめようと決めました」

椿内さん「なるほど。一応確認だけど、親御さんが賃貸アパートやマンションを持っていたりとかは？」

カツノくん「全くありません。実家の資産といえるのは埼玉県の郊外のマイホームぐらいで。うちは三人兄弟なので、相続のときに売って分けたらほとんど遺産は渡せないよ、と父からいわれています」

椿内さん「よくわかりました。では、カツノくんのシミュレーションでは、基本的に年金の16万円だけが老後の収入ということになるね」

カツノくん「はい」

椿内さん「ところで、カツノくんの会社の定年は何歳だい？」

カツノくん「定年は65歳ですが、60歳のときに退職金が支払われ、役職もなくなって給与形態も変わります。いわゆるリセットです。65歳までは会社が雇用を保証しますが、当然給与は下がりますね。65歳以上でも、フジオカさんのような有能な人は顧問という肩書で、最高70歳まで勤めています」

椿内さん「そうか。なぜこんな質問をしたのかというと、年金の『支給開始年齢』について考えてほしかったからなんだ。カツノくん、日本では年金が何歳から支給されるのか知っているかい？」

カツノくん「ええと、65歳から……でしたっけ？」

椿内さん「正解だよ。ただ、以前は国民年金だけが65歳からの支給で、厚生年金は60歳からもらえたんだ。２０００年の年金制度改正によって、支給開始年齢が２０１３年から引き上げられることになった」

カツノくん　「えーっ！　知りませんでした」

椿内さん　「そして重要なのは、カツノくんが実際に年金を受け取れる年齢になる頃には、受給開始の年齢がさらに引き上げられている可能性がある点なんだ」

カツノくん　「そんなことありえるんですか？」

椿内さん　「かなり高い確率でね。ご存じのとおり今の日本は少子高齢化で、年金を受け取る老人層に対して、年金の原資を稼ぐ現役層が少ない。さらに今後、稼ぎ手はどんどん足りなくなっていく」

カツノくん　「少子化ですもんね」

椿内さん　「政府としては給付する年金の額を抑えるほかに解決策はないから、今後10年程度で支給開始年齢を70歳さらに75歳にと引き上げようという議論はかなり現実的に行われているんだ。75歳どころか、カツノくんが老人になる頃には80歳からの支給、なんてことになっている可能性もある」

カツノくん　「80歳からなのか……再雇用で65歳まで勤め上げても、15年間も貯金だけで暮らさなくちゃならない」

椿内さん　「そう、そこがポイントなんだ。そのために70歳までの正規雇用と、75歳までを契約社員として、雇用期間を延長させ、無収入期間を短縮するような議論が行われているらしい。くわえて、支給開始年齢の引き上げだけでなく、年金支給額自体の削減も議論されている。現状の20％減、といった具合だね」

カツノくん　「20％減るとなると、ええと、ぼくの場合は16万円の予定だったのがだいたい12万円くらいに」

椿内さん　「計算が早いね。頼みの年金が月に12万円しかもらえないとなると、カツノくんの感覚でもちょっと生活が厳しそう、というイメージは湧いてくるんじゃないかな」

老後支出の厳しい現実

椿内さん　「収入である年金についてはある程度理解できたかな。では、次は支出について説明しよう。この表を見てくれるかな」

老後に発生する支出

支出の分類	支出項目	ゆとり型		倹約型	
		月額	年額	月額	年額
強制的に発生する支出	国民健康保険	40,000	480,000	40,000	480,000
	介護保険	18,000	216,000	15,000	180,000
	所得税	10,000	120,000	2,000	24,000
	住民税	15,000	180,000	12,000	144,000
	固定資産税	12,000	144,000	10,000	120,000
	小計	95,000	1,140,000	79,000	948,000
必要な支出（調整は可能）	食費	80,000	960,000	50,000	600,000
	水道光熱費	15,000	180,000	15,000	180,000
	通信費・ネット	15,000	180,000	10,000	120,000
	医療費・薬	10,000	120,000	5,000	60,000
	衣料品（服・靴）	7,000	84,000	2,000	24,000
	家電品	10,000	120,000	5,000	60,000
	ドラッグ・雑貨	5,000	60,000	2,000	24,000
	小計	142,000	1,704,000	89,000	1,068,000
ゆとり支出（支出を抑えても生活に支障は少ない）	外食費	20,000	240,000	5,000	60,000
	旅費交通費	40,000	480,000	10,000	120,000
	ガン・入院保険	20,000	240,000	5,000	60,000
	購読・娯楽	15,000	180,000	2,000	24,000
	修繕費用	15,000	180,000	5,000	60,000
	車両・維持費	50,000	600,000		0
	予備費・雑費	23,000	276,000	5,000	60,000
	小計	183,000	2,196,000	32,000	384,000
	支出合計	420,000	5,040,000	200,000	2,400,000

　と、椿内社長は、ホワイトボードに、ゆとり型・倹約型の2種類で、支出の表を作っていきました。素早いスピードでホワイトボードに記載していく椿内さんの姿を見ながら、カツノくんは「この人、全てのことが頭のなかで整理されているのかもしれない」と思い、椿内さんに興味を持ち始めました。

椿内さん　「これは、老後の支出項目をリスト化した試算表だ。家はローンを返し終わったマイホームに住んでいる想定だよ。これを見て、気になる箇所はあるかな」

カツノくん　「驚いたのがゆとり型の支出合計ですね。毎月本当に42万円もかかるのですか」

椿内さん　「確かにびっくりするよね。それでは一つひとつ説明しよう。まず強制的に発生する支出がある。それは所得税・住民税、健康保険・介護保険。また持ち家の人は固定資産税が発生する。これらの支出は、所得によって金額の差はあるが、国が定めていて絶対に拒否をすることができない支出なんだ」

カツノくん　「年金生活なのに、税金取られるんですか。高齢者でも健康保険払うんですか」

椿内さん　「そうなんだよ。あのフジオカさんでさえ、その時になってわかったらしい。次に、家計によって差は出るけど、必ず必要となる支出がある。そのなかでウエイトが高いのが、やっぱり食費だね」

カツノくん　「お年寄りでもこんなに食費がかかるのですね」

椿内さん　「子育てしているころは質より量だけど、年を取ると少しの量で美味しいものを食べたくなるよ。近海の魚、国産の赤身の牛肉、こだわりの醤油・味噌・出汁などなど」

カツノくん　「ゆとり型と倹約型で大きな差が出ているのが、抑えても暮らしに影響が出ない支出ですね」

椿内さん　「そうなんだ。外食はしない、旅行はしない、冠婚葬祭もなし、友達とも会わない……それでも、生きてはいける。しかし、これらの行為がいわゆる『暮らしのゆとり』なんだ。ゆとり老人と貧困老人の違いは、このゆとり部分と考えていいと思うよ。コマーシャルで老人が寂しそうに、『もう少しゆとりが欲しい』と言ったのはこのことかなと思うね」

カツノくん、妙に納得しました。

椿内さん
「ゆとり型の生活費42万円は、普通のリタイア組では確かに捻出は難しいかもしれない。そこで、健全に倹約をしたらどこまで絞ることができるか、もう一つ作ったのが、倹約型生活費20万円のシュミレーションだ。サラリーマン世帯の夫婦の場合、ゆとり型と倹約型の間で支出が揺れ動いていると考えればいいかな。支出表を作ってみれば、老後生活費のどこに重点を置くか、つかめると思う」

「人生100年時代」はマネーの面からは大問題!?

椿内さん
「ところでカツノくんは、『人生100年時代』って聞いたことはあるかな？」

カツノくん　「そういえば、『人生100年時代の◯◯』とタイトルについた番組が増えていますね」

椿内さん　「では、簡単に説明しよう。人生100年時代というのは、ロンドン・ビジネス・スクールで教鞭をとるリンダ・グラットン教授とアンドリュー・スコット教授が執筆した、日本では東洋経済新報社から出版されている、『LIFE SHIFT』という世界的ベストセラー書籍で提唱された概念だ。要は、2007年に生まれた子どもは半数が107歳まで生きると試算できる、だから現代人は全員が100歳以上生きる想定で人生設計を立てるべき、という提言だね」

カツノくん　「全員が100歳以上⁉　みんなが金さん銀さんみたいに長生きするっていうんですか」

椿内さん　「ずばり、そういうことだ。そしてこの試算の精度はかなり高いとして世界中で評価されているよ。これを元に、カツノくんの未来の生活費シュミレーションを組んでみよう。

シュミレーションには仮説が必要なので、今回は人生１００年時代を基準として、60歳から１００歳で計算をしてみよう。カツノくんの会社を想定して、60歳で一度給与がリセットされ70歳まで働く。減額されるけど収入が入り、月額手取りは30万円としよう。年金の支給開始は75歳、支給額は12万円とする。70歳から75歳までは無収入だね。

仕事の収入は10年間で３６００万円、年金の収入は25年間で３６００万円、合計７２００万円の収入が入る。ゆとり型の支出は42万円×12ヶ月×40年間＝２億１６００万円。７２００万円の収入を引くと、60歳の時点で１億２９６０万円の貯蓄が必要だ。

倹約型の支出合計は40年間で９６００万円に抑えられるが、それでも貯蓄は２４００万円必要だ」

カツノくん「あれ、２０００万円問題に近い数字になりましたね」

椿内さん「ゆとりの全くない生活をしても、２４００万円は貯蓄しておけといっているようだね」

カツノくん「それにくわえてもし年金が入ってくるのが80歳からになってしまうと

椿内さん

……もう、老後は貧困老人生活確定じゃないですか！」

「長生きは幸せの象徴と考えられてきたけど、むしろリスクになってしまう。これが現実の人生１００年時代かもしれない」

「資産形成」を考える

貯金で解決はできるのか？

椿内さん　「では、カツノくん、備えをしなければ老後大変なことになってしまう事実をわかってもらったところで、具体的にどうすればいいのかを考えてみよう」

カツノくん　「いくら貯金すればいいかですよね」

椿内さん　「カツノくんの貯金は今いくら？」

カツノくん　「現在８００万円くらいです」

椿内さん　「結構持っているね。カツノくんの会社に定年まで勤め続けると、退職金はいくら出るのかな？」

カツノくん　「たぶん役員とかにはなれないので、満額で税引き１５００万円くらい

椿内さん

だと思います」

「では先ほど話した倹約型でまず考えてみよう。毎月20万円の生活費で生きていく場合、60歳から100歳までで9600万円必要となる。現在の貯金800万円と退職金予測額1500万円、60歳から70歳までの収入3600万円、年金3600万円で合計9500万円なので、ほぼ今のままいけば問題はなさそうだね。

ただしこの話は全くリスクを伴わない想定で考えている。仮に90歳から老人ホームに入る場合、施設費は全て込みで30万円必要となり、10年間で3600万円かかるから、毎月20万円の生活費では不足するね。また60~70代ではガンや脳卒中のリスクにも備えなければならない。

その他にも、今は40代からリストラもあるかもしれない。これらのリスクを考えて2500万円程度の貯金が必要だとしよう。そうすると、カツノくんが現役のうちに毎月いくら貯めないといけないだろう?」

カツノくん

「ええと、今が35歳なので60歳までは25年。それを12ヶ月で割ると、月々8万3000円くらいですね」

椿内さん　「貯められそうかな？」

カツノくん　「ちょっと……ボーナスである程度まとめて貯金するとしても、かなり節約して暮らさないと厳しい感じがします」

椿内さん　「しかも、節制してやっと実現する倹約型の老後生活に、カツノくんは全く魅力を感じていなかった。ゆとり生活40年の2億1160万円についても計算してみようか」

カツノくん　「同じように9500万円を引いて、リスク費用2500万円を足すと、1億3160万円で……だいたい2500万円貯めるときの5倍くらいなので、毎月40万円以上！　そもそもそんなに給料がない。絶対無理です」

椿内さん　「そうだね。まずは貯金で解決する方法を考えてみたけど、どうやら無理そうだ」

投資は生きるために必須になる

椿内さん　「そこで、投資で資産形成することが必要になる」

カツノくん「やっぱり、そうなりますよね……。勉強して値上がりする株とかをつかんだり、仮想通貨に期待したりしないといけないんですね」

椿内さん「そういうのはちょっと方向性が違うかな。大きな値上がりによる売却益、つまりキャピタル・ゲインを期待するような投資は、どちらかというと『投機』だ。ギャンブルに近い。

確かに利益が実現すれば大金持ちになれる可能性もあるけど、失敗すれば投資したお金がなくなって状況はより悪化してしまう」

カツノくん「じゃあ、投資に何を期待すればいいんですか?」

椿内さん「インカム・ゲインだよ。投資した資産を売らなくても定期的に入ってくる収入で、株や投資信託の配当金、不動産から入る家賃などがインカム・ゲインだ」

カツノくん「なるほど。なんだかインカム・ゲインなら安心して稼げる感じがしますね。では、具体的にどんな投資をすればいいんでしょう?」

椿内さん「焦らない、焦らない。それを説明するために、まずはいろんな投資についていて、それぞれどんな特徴があるのかを見ていこう」

カツノくん　「わかりました」

椿内さん　「投資には、大きく分けて金融投資と不動産投資の２つがある。まず説明するのは金融投資。株式や投資信託、ＦＸ、仮想通貨などへの投資がこれにあたる」

カツノくん　「投資っていうと、なんといっても株！　っていうイメージです」

椿内さん　「株式投資は、配当というインカム・ゲインと売却益というキャピタル・ゲインの両方を得られる可能性がメリットだね。ただ、どうしても投資先の企業の業績によって収入が大きく左右されてしまう。絶対安定の銘柄とされていた電力会社も東日本大震災で株価が暴落したりと、何があるかわからない現代では株価は誰にも読めない。株式を買った会社が倒産すれば投資金額がパアになってしまうかもしれない」

カツノくん　「優良銘柄を見抜く目は僕にはなさそうです……投資信託はどうでしょう」

椿内さん　「投資信託にも、株ほどではないにせよ値動きがあるね。ただ、世界経済全体の景気指数にそのまま連動するような投資信託もあるから、個別企業の株式に比べるとリスクはかなり低いと思う。しかし、当然だけど投資信託会社の手数料が差し引かれるので、リターンはそれほど期待できない商品が多いかな」

カツノくん「一長一短あるんですね……FXや仮想通貨は友人でも投資している人がいますが、どうなんでしょう」

椿内さん「FXや仮想通貨は細かい値動きがかなり激しいのが特徴だね。大きな利益を生む可能性はあるけど、投資した資産の値動きが気になって仕事に身が入らなくなったり、夜眠れなくなったりする人も多い。また、インカム・ゲインがまったく入らないので、堅実な資産形成には向いていないと思うよ」

カツノくん、始終スマホに釘付けになっている友人の姿を思い出しました。

カツノくん「ふむふむ。不動産投資はどうなんでしょう?」

椿内さん「不動産投資の強みは、まず、物件を買えば入居者からの家賃が毎月ほぼ確実に入ってくる点だ。家賃収入の利回りは株式や投資信託よりもずっと高いこともある。立地をきちんと選べば、空室が出ても入居者はすぐにまた入ってくるしね。さらに、借金は怖いといったけれども、逆にいえば元手が少なくてもローンによって大きな額の投資ができるのは、不動産投資の大きな武器にもなる。ただ、スルガショックといわれる大規模な不正融資事件が2018年に起こって以降、サラリーマン向けの融資審査はかなり厳しくなっているけどね」

カツノくん「なるほど……不動産投資って毛嫌いしていましたけど、そもそも僕が始めようと思っても資金的に難しいかもしれないんですね」

椿内さん「そうなんだよ。以上が投資全体についての大まかな説明だけど、カツノくん、興味が湧いた投資はあるかな？」

カツノくん「正直どれも一長一短で、これがベストといえるものは……」

椿内さん「そうか。やるべき投資についてはあとで詳しく説明するけど、その前に、ここまででは説明をしていない、重要な投資手段があるんだ」

カツノくん「えっ！　それはなんですか？」

椿内さん「実は、ほとんどの人が気がついていないけど、人生最大の投資は持ち家なんだ」

第2章

賃貸派？ 持ち家派？
「家」について考える

家賃支払いが老後も続けば生活は完全破綻

持ち家前提なのにこんなに足りない!?

椿内さん　「先ほど見せた、老後生活の支出表。これには、『家賃の支払い』が含まれていないんだ。ローンを払い終わった持ち家に住む前提になっている」

カツノくん　「家賃……あっ、確かに！」

椿内さん　「カツノくんの今の家は、賃貸だよね？」

カツノくん　「はい。アパートです」

椿内さん　「家を買う予定はある？」

カツノくん　「いえ、独身だし結婚の予定もないので……一生賃貸のほうが得だって雑誌か何かで読んだことがあって、ずっと賃貸に住んでいようかなと思っています」

椿内さん　「そうか。そうすると、ゆとり生活にしても倹約生活にしても、さっきの支出にくわえて家賃を払わないといけないね」

カツノくん　「盲点でした。家賃が7万円の賃貸アパートに60歳から100歳までの40年間住み続けたら、3万3360円の支出がさらに発生するんですね。ただでさえ赤字が出ていたのに余計お金が足りなくなってしまう！　計算するまでもなく、完全に生活は破綻です」

椿内さん　「そうだね。しかも、同じ賃貸住宅に何十年も住み続けるのってあまり現実的じゃないよね。必ず何回か引っ越して、そのたびに結構な初期費用がかかる」

カツノくん　「確かに、引っ越し費用ってバカにならないですもんね。しかも、おじさんやおじいさんになっても今のグレードの家というのはちょっと嫌です」

椿内さん　「だと思うよ。そもそも、高齢者の賃貸入居はオーナーに断られる場合がある。自分の物件で人が亡くなったら嫌だからね。そして、さっきカツノくんがいっていた『一生賃貸のほうが得』という説については、正しく算出して比較したほうがいいかもしれない。カツノくんが読んだ雑誌にはなんて書いてあったかな？」

カツノくん「あまりよく覚えていないんですが……家を買うときのローンの利子や修繕費、先々の建て替え費用、固定資産税なんかを加味すると、毎月家賃が発生しても賃貸に住み続けたほうがトータルコストは安いって感じの話だったと思います」

椿内さん「賃貸のほうが得という説の根拠は、だいたいそんな感じだね。しかし重要なポイントは、そうした説の計算根拠の多くは、人生が70歳くらいで終わる設定になっているんだ。70歳以上はあいまいになっている。カツノくん、これからはどんな時代なんだっけ？」

カツノくん「人生100年時代ですよね」

椿内さん「そのとおり。ここでまた人生100年時代が出てくる。計算の根拠になっている家賃の支払い終わり年齢よりも30年も余分に家賃を払い続けたら、実際にはどうなるだろう？」

カツノくん　「持ち家がない恐怖を、肌で感じます……」

持ち家のメリットはかなり大きい

椿内さん　「そう。そもそも、年金しか収入のない年齢になっても生活のランニングコストが家賃で余分に高くつくのって、気分的に不安なんじゃないかな」

カツノくん　「年金が12万円しかないのに、家賃は数万円か……確かに。そこまで想像できていませんでした」

椿内さん　「ローンを支払い終わったら完全に自分の家というのは、やはり安心感があるよね。さらに、持ち家にはもう一つの大きな強みがある」

カツノくん　「なんですか？」

椿内さん　「家賃は支出で何も残らないけど、住宅ローンが完済した自宅は財産として残る。財産だから価値があり、売ろうと思えば売ることができるよ。老後に万が一生活費が不足しても、売ればまとまったお金が入る。そうして生活を立て直すことも可能になるよね」

カツノくん 「そうか、自分が生きている間にマイホームを売るっていう発想はありませんでしたが、椿内さんのおっしゃるとおりですね」

椿内さん 「さらに、マイホームは自分が住まなくても老後に役立つ場合がある」

カツノくん 「どういう場合ですか？」

椿内さん 「老人ホームに入居するときだよ。あまり考えたくないことだけど、老後に大きな病気をして、一命を取り留めたものの一人で生活はできなくなる、という可能性はゼロじゃない。

他にも、認知症になるかもしれない。最悪のパターンだと、2060年には4人に1人が認知症になると予測されている」

カツノくん 「自分が老人ホームに……考えもしませんでした。老人ホームって月にいくらかかるんですか？」

椿内さん 「普通レベルのところで月に十数万円、高級老人ホームだと30万円くらいするところもある。月々の入居費以外に、入居するときに数百万から数千万の、返却されない契約金が発生する老人ホームも増えてきている」

カツノくん「ひい、高いんですね！」

椿内さん「そこで、マイホームが役立つんだ。さっき話したように家を売って老人ホームの入居費用にあててもいいし、自分がホームに入って空いた家を賃貸に出す手もある。

さすがに老人ホームの費用を全額カバーするのは難しいかもしれないけど、賃貸収入と年金を合わせれば、貯蓄の目減りをかなり抑えることができるよ」

カツノくん「なるほど……貸してよし、売ってよし。コストがかかるという面はあるにせよ、持ち家には大きな資産としての可能性があるんですね。だんだんと、持ち家を持っておいたほうがいい気がしてきました」

家探しを考える

一戸建てだとどんな家を買える？

カツノくん　「でも、実際にぼくがマイホームを買うとすると、どんな家が買えるんでしょう？　考えたこともありませんでした」

椿内さん　「うん。では、ここでパソコンを開いて、実際にポータルサイトで売り物件を見てみようか」

カツノくん　「お願いします。で、予算なんですが……僕の場合、どれくらいの家が買えるのでしょうか。年収は600万円で貯蓄もしなければいけないし、リストラも考えると年収600万円で設定をしたいと思います」

椿内さん　「そうすると……消費税や不動産の登記費用などの諸経費を除いて、家の本体価格で大体2800万円というところだね。カツノくんは、買う

カツノくん　なら戸建てがいいかな？　マンションがいいかな？」

椿内さん　「マイホームというとやはり戸建てがいいなと思うので、まずは戸建てで探してみたいです」

カツノくん　「場所はどのあたりがいい？」

椿内さん　「今住んでいるのは埼玉県の私鉄沿線◯◯駅で、東京から電車で30分以内ぐらいなので……もうちょっと都心に近いほうがいいですね」

カツノくん　「なるほど、ちょっと待ってね……よし、検索してみたよ。見てごらん」

椿内さん　「どれどれ……うわっ！　どれも5000万円以上。あ、でも2800万円の予算ぐらいの家もありますね」

カツノくん　「どう？　2800万円の予算ぐらいの家は買ってみたい？」

椿内さん　「もう少し詳しく見てみますね……ああ、どれも駅から徒歩30分とか。近くにバス停もないみたいですね」

カツノくん　「ちょっと駅から遠すぎるかもね」

椿内さん　「そうですね。わかりました、今より都心に戸建てを買うのは無理みたいです。妥協して、今住んでいる駅だとどうでしょう？」

椿内さん　「○○駅だと……こんな感じだね」

カツノくん　「駅から歩ける範囲だと、3500万円くらい……予算オーバーなのは変わらないですね。新築で2800万円くらいの物件もちらほらありますが、駅からかなり遠いのはさっきのエリアと変わりません」

椿内さん　「今の予算だと、少しエリアを妥協してもあまり状況は変わらないみたいだね」

カツノくん　「そうですね。それに、今探していて出てくる家、間取りが広すぎるんですよね。一人暮らしなので、3LDKや4LDKは正直いらないです。1LDKと2LDKで絞り込んでみると……あれ、検索結果がゼロ件に」

椿内さん　「戸建てというのは基本的にファミリー向けだからね。さっき見た予算内の戸建て物件は基本的に、駅から遠くてもいいからとにかくマイホームを持ちたいファミリー層をターゲットにしているんだと思う。
　私も不動産業をやっているけど、一人暮らし向けの戸建て物件というのは見たことがないね」

カツノくん　「なるほど、当然ですよね。どうやら一戸建てを僕が買うのは難しそうだとわかりました」

新築マンションだと、どうなる？

カツノくん　「じゃあ椿内さん、マンションで探してみてもいいですか？」

椿内さん　「もちろん。新築かな、中古かな？」

カツノくん　「中古はちょっと抵抗があるので、新築でお願いできますか」

椿内さん　「わかった。では、カツノくんの予算で検索範囲を絞って、先ほどの◯◯駅周辺の単身向け新築マンションを検索してみると……」

カツノくん　「あれ。ゼロ件だ」

椿内さん　「そのようだね。マンションを探す単身者は都心に住みたい人が多いので、郊外で単身用の分譲マンションを開発しても売れないんだ。郊外だとマンションでも、やはりファミリータイプが多くなるよ。逆に東京都内で探してみようか」

カツノくん「お願いします」

椿内さん「カツノくんの会社は池袋にあるそうだから、池袋に通いやすい範囲で探してみよう……こんな物件が出てきたよ」

カツノくん「あっ！　板橋区の私鉄駅から徒歩10分で１９８０万円！　椿内さん、ここ買います！」

椿内さん「慌てない、慌てない。よく見てみて。その物件の広さはどうだろう」

カツノくん「広さ……えっ、たった22㎡しかないじゃないですか！　今僕が住んでいる部屋も狭いですけど、それでも25㎡はあります。この物件はちょっと長く住むのには狭すぎますね」

椿内さん「そうだね。しかも、この物件は『利回り計算書』という資料がついている」

カツノくん「利回り計算書……すみません、どういう意味ですか」

椿内さん「物件を買って賃貸に出した場合の利回り計算書がついている。つまり、この物件は自分で住む用、つまり実需ではなく、不動産投資用の物件として売りに出されているんだ」

カツノくん　「投資用。マイホームとして買うのにはふさわしくないんですね」

椿内さん　「そういうことだね。もう少し一緒に探してみようか」

カツノくん　「はい。あっ、別の良さそうな物件を見つけました！　こちらも板橋区の私鉄駅から徒歩10分、1LDKで50㎡の新築マンション。理想的です」

椿内さん　「価格はいくらだろう？」

カツノくん　「う、5000万円……余裕で予算オーバーです。なんだか、家を買うのは絶望的という気持ちになってきました」

椿内さん　「都心物件の坪あたり価格は、今むしろ戸建てよりマンションのほうが高くなっているからね」

中古マンションの落とし穴

カツノくん　「うーん、それじゃあ、あまり気は進まないですが、中古マンションも視野に入れて探してみます」

椿内さん「了解。先ほどと同じような都内のエリアで2800万円前後、駅からの距離は徒歩15分以内と……さあ、検索結果が出てきたぞ」

カツノくん「あっ！　20件以上の物件が。希望が見えてきました。椿内さん、やっぱり中古マンションから探してみます」

椿内さん「ちょっと待った。結論を出す前に、マンションを持つ場合に説明しておかなければいけない点がある。カツノくん、マンションの維持費ってどんなものがあるのか、知っているかな？」

カツノくん「え？　部屋のなかに修理が必要になった場合の修繕費だけじゃないんですか？」

椿内さん「そうは問屋がおろさない。部屋の修繕費を持ち主が払うのは当然ながら、マンションを買えばその物件のオーナーたちで結成される管理組合に入り、組合にお金を払わなければいけないんだ」

カツノくん「そうなんですか⁉　うちの実家は戸建てだったので初めて知りました。どんなお金がかかるんでしょう？」

椿内さん「まずは、エントランスや廊下といった、マンションの共用部分を清掃したり維持管理したりする業務を、管理会社に委託するために必要な、管理料。さらに、15年に一回くらいやらなければいけないマンションの大規模修繕にかかる費用を積み立てる、修繕積立金。大きくはこの2つだね」

カツノくん　「ちなみに、いくらくらい……？」

椿内さん　「物件の規模にもよるけど、安くても合わせて毎月3万円くらいはかかるものと思ってほしい」

カツノくん　「3万円……家賃ほどではないにせよ痛い出費ですね」

椿内さん　「それだけじゃない。この修繕積立金、多くの場合で結局、足りなくなるんだ」

カツノくん　「えっ？　決められた額を払っているのに足りなくなるってどういうことですか？」

椿内さん　「物件を販売する際、不動産会社としては月々オーナーが負担する額をなるべく安く見せたい。そのために、修繕積立金をかなり安めに見積もってしまうんだ。

そうして実際に大規模修繕のタイミングになって、工事費用が全然賄えないという状況が訪れる。結果的にオーナーには追加で徴収が生じることになるね。こういう物件は現実にけっこう多いんだ」

カツノくん　「なんだか詐欺みたいな話ですね」

椿内さん　「結局、お金が足りなくて修繕もろくにできなければマンションは荒廃し、資産価値はどんどん下がっていく。

まあ、見せかけの支払いが安いことを疑問に思わずに物件を選んでしまう買い手側にも、責任の一端はあるかもしれないね」

カツノくん　「確かに。つまり、マンションを持つとしてもデメリットやリスクはあるわけですね。ああ、持ち家を手に入れて安心の老後を手にするにはどうすれば……もう八方塞がりです」

椿内さん　「実はカツノくんの目指す、『持ち家』と『貯蓄』を同時に実現できる方法があるんだ」

カツノくん　「信じられない！　……でも、本当ですか？　早く教えてくださいよ」

椿内さん　「それは、賃貸併用住宅『稼げるマイホーム』だよ」

第3章

持ち家を得ながら収益をあげる賃貸併用住宅『稼げるマイホーム』とは?

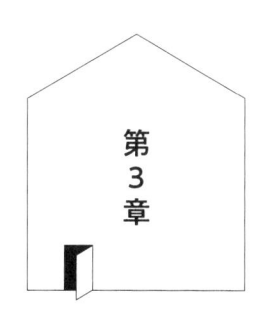

賃貸併用住宅『稼げるマイホーム』って？

持ち家×賃貸住宅

カツノくん　「賃貸併用住宅『稼げるマイホーム』……？　それって、なんなんですか？」

椿内さん　「簡単にいうと、自分で住むマイホームと賃貸に出す物件を同時に得られるスキームだね」

カツノくん　「そんなこと、可能なんですか？」

椿内さん　「可能だ。カツノくんは、戸建ては広すぎるといってたよね。そこでひとつの戸建てを、自宅部分として1LDKで1世帯を作る、賃貸アパート部分としてワンルームを2世帯作る、合計3世帯として建築する」

カツノくん　「そうするとどういう意味があるのか、まだつかみきれていません……」

椿内さん　「たとえばカツノくんが賃貸併用住宅『稼げるマイホーム』を建ててそ

のうちの一部屋に住むとすると、まずちょうどいい広さのマイホームが手に入るよね。今みたいに家賃は払わなくていい。
それに加えて、賃貸部分に住んでいる入居者から毎月家賃が入ってくるんだ。たとえば家賃が7万円だとすると、毎月14万円の収入が入る。ローンの返済額を家賃収入で補填できる。
毎月のローンの負担が少なくなるし、返済額によっては、利益が出る場合もある」

カツノくん「自分の家を持ちながら、収入も入ってくるなんて。本当ですか！」

椿内さん「本当さ。ここまでずっと説明してきた、住宅費用の厳しさと投資で資産形成につなげる難しさという2つの問題を、一挙に解決できるんだ。まさに、『稼げるマイホーム』。私の会社では賃貸併用住宅をこの商品名で提供しているよ」

カツノくん「すごい！　でも、そういう賃貸併用住宅『稼げるマイホーム』って、広い土地を持っている老夫婦とかが建てているイメージがありますね。僕なんかに建てられるんでしょうか……」

椿内さん「するどいね。確かにかつては賃貸併用住宅というと、そこそこの広さの土地を持っている人が、子どもが巣立って広々してしまった家を建て替えて、賃貸併用住宅にするパターンが多かった。実はフジオカさんがまさしくそのパターンだ」

カツノくん「今は違うんですか?」

椿内さん「そうなんだ。なぜかというと、若い人たちの、住まいの広さに対する常識が違ってきているんだよね。カツノくん、マイホームに求める間取りは1LDK、2LDKくらいだと言ったね?」

カツノくん「はい。もし結婚することがあっても、それぐらいあればなんとか暮らしていけるかなって」

椿内さん「立ち入ったことを聞くようだけど、子どもは欲しいかな?」

カツノくん「うーん。結婚も子育ても、今の自分の人生設計がイメージできていないのが正直なところです。僕くらいの収入だと、子どもを何人も育てるのは金銭的に負担が大きいなあとも考えています。当面はひとり暮らしで考えています」

ソロ世代とDINKs

椿内さん　「まさに、今の世代の多くの人がカツノくんのように感じているんだ。カツノくんはソロ世代とDINKsという言葉は知っているかな?」

カツノくん　「ええと、ソロ世代はそのままズバリ独身のまま生きる世代、DINKsは確か子どものいない夫婦のことでしたっけ」

椿内さん　「どちらも正解。いずれの層にも言えるのは、圧倒的に『自由に生きる』というポイントを大切にしている人生観だ。自分という一人の人間のライフスタイルを大事にして、どうしても人生において制限になってくる子どもは、積極的に持たない、という選択をする世帯がすごく増えている」

カツノくん　「確かに、僕の5歳上で40歳のいとこがいるんですが、結婚はしているものの子どもはいません。でも夫婦ともに仕事を続けながらのびのび暮らしています」

椿内さん　「まさにそういう人たちだね。そして、そういった人にとっては、求めるマイホームの理想型は従来と変わってくる」

カツノくん「なるほど、察しました。家が広くなくていいんだ」

椿内さん「そのとおり。以前は、マイホームを建てるための基準として一番重要視されていたのは、広さだった。ゆくゆく4人家族、5人家族になる将来を前提として考えられていたし、先々は両親との同居なども視野に入れたりね。

そのためには3LDK、4LDKといった間取りが必要で、その代わり交通の利便性は犠牲にせざるを得なかった」

カツノくん「確かに、僕自身もそうですけど、我々の親の世代は一戸建てを購入するため、駅からバスを乗り継がないといけなかったり、車が必須だったり、へんぴな場所ばっかりな気がします」

椿内さん「そうだろう。なにもアクセスを気にしていなかったわけではなくて、旧世代が選ぶマイホームにとって重要なのは利便性より広さだったんだ。それが最近の世代は違う。別に家が広くなくてもいい。その代わりにアクセスにはこだわりたいよね」

カツノくん「はい。夫婦でずっと都心に働きに出るんだったら、駅からの距離はますます重要ですよね」

椿内さん「そう。そして、その考え方をさらに発展させると、『自分たちが暮らすスペース以外は捨ててしまって収益化する』という選択肢が見えてくる」

カツノくん「なるほど！　だから、若い人にとって賃貸併用住宅『稼げるマイホーム』は持ち家と資産形成を同時に実現する、新たな投資戦略なんですね」

椿内さん「そうだ。実のところ、私の会社は、当初フジオカさんのような層をターゲットに高齢層の住宅建て替えを念頭において『稼げるマイホーム』のサービスを開始したんだけど、蓋を開けてみると若い人からの問い合わせが思いのほか多くてね。今では、若い人の資産形成の手段としてサービスの主軸を位置付けているよ」

カツノくん「なるほど、椿内さんとしても意外だったわけですね」

椿内さん「私も言ってしまえばおじさんだからね。子どもは4人いて、孫も2人いる。気になって色々調べてみて初めて、若い世代の住宅に対する意識が以前と大きく変わっている事実に気づいたんだ」

賃貸併用住宅『稼げるマイホーム』のメリット

低金利の住宅ローンが使える！

椿内さん　「と、ここまでは賃貸併用住宅『稼げるマイホーム』についての概要だ。賃貸併用住宅『稼げるマイホーム』が持つメリットをさらに詳しく解説しよう」

カツノくん　「お願いします！」

椿内さん　「まず、最大といってもいいメリット、それは賃貸併用住宅『稼げるマイホーム』は住宅ローンを使って建てられる点だ」

カツノくん　「それの何がメリットなんですか？　家を建てるのに住宅ローンが使えるのは当たり前じゃ……」

椿内さん　「それが違うんだ。こと、賃貸住宅の建設に関しては不動産投資の一種になるから、普通は住宅ローンが借りられないんだ」

カツノくん　「そうなんですか。あれ、でも、さっきの説明で不動産投資はローンを組めるのがメリットだとおっしゃっていませんでした？」

椿内さん　「そう、不動産投資ではローンを組む。しかし、住宅ローンではなくアパートローンといった呼ばれ方のローンを組むことになるんだ」

カツノくん　「どちらにしてもローンを組めるならいいじゃないですか」

椿内さん　「それが違うんだ。住宅ローンとアパートローンでは、金利が違うからね」

カツノくん　「金利？」

椿内さん　「ローンとは借金だ。借金には必ず利息がつく。その利息が全体の借入額の何％になるのかを表す数字が、金利だ」

カツノくん　「その金利は、アパートローンと住宅ローンでどれくらい違うんですか？」

椿内さん　「金融機関や審査によっても違うんだけど、だいたい住宅ローンが0・5％くらい、アパートローンだと3％くらいの金利が目安だね」

カツノくん「なんだかあまり変わらないような……」

椿内さん「そう思うかい？　では問題。4500万円の物件を35年ローンで買った場合、住宅ローンとアパートローンとで最終的な返済金額はどれくらいの差が出ると思う？」

カツノくん「うーん……全然ピンとこないですね。100万円くらいでしょうか？」

椿内さん「残念、不正解だ。細かい計算は省くけど、正解は、両者の差額は2000万円を超えるよ」

カツノくん「えーっ！　2000万円……物件価格の半額近いじゃないですか」

椿内さん「そのとおり。こう説明すると、住宅ローンを活用できるメリットはわかってもらえたかな」

カツノくん「はい。あれ、でも、賃貸併用住宅『稼げるマイホーム』って投資になるわけですよね？　なんで住宅ローンが使えるんですか？　もしかして銀行を騙すとか……」

椿内さん「とんでもない。確かに一時期、悪い不動産投資家が自分で住む家だと言い張って住宅ローンを借りて、実際には買った家を確信犯で賃貸に出すという手口が横行していたけど、賃貸併用住宅『稼げるマイホーム』のスキームはそれとは全く違うよ。
だいたいの目安だけど、不動産の価値のうち『自分が住んで使う割合』が50%を超えれば、残りを賃貸に出していても住宅ローンの審査に通ることが期待できる」

カツノくん「ほっ、別にズルではないんですね」

ローン完済後は賃料がまるまる収入に

椿内さん「賃貸併用住宅『稼げるマイホーム』には、さらにメリットがある」

カツノくん「まだあるんですか！　なんでしょう?」

椿内さん「ローンの返済が終わったあとになって、賃貸併用住宅『稼げるマイホーム』はその真価が発揮されるんだ。カツノくん、もし35年でローンを組んだとすると、返済後にカツノくんは何歳になっているかな」

カツノくん「70歳です」

椿内さん「重要なのは、70歳になってローン返済が終わった後でも、入居者がいれば家賃は入ってくること。今の建築技術はしっかりしているから築35年の住宅なら多少メンテナンスすれば問題なく住めるし、家賃というものは年月が経ってもそれほど下がらない。新築で7万円の家賃だったら、35年経っても5万円ぐらいの家賃は見込めるんじゃないかな」

カツノくん「ローンの返済が終わっていれば、家賃がまるまる利益になるんですね！」

椿内さん「そのとおり。2部屋だったら月10万円入ってくるよね。そうすると、どうなるかな？」

カツノくん「心配だった老後の赤字が、解消できる！　倹約型の支出計画では年金だけだと月8万円の赤字になる計算だったのが、貯金ゼロでもカバーできるようになりますね」

椿内さん「そうなんだよ。さらに、もっといい方法がある。ローンを繰り上げ返済するんだ」

カツノくん「繰り上げ返済？」

椿内さん　「そもそも、賃貸併用住宅『稼げるマイホーム』なら本業の給料からお金を払わなくてもローンが返済できてしまうんだ。そして、余った分は全額ローンの繰り上げ返済に回すと考えてみよう。そうすると、35年だったローンの返済期間が約17年とかなり短縮できる」

カツノくん　「今購入しても、52歳では返済できているんですね。その後は、家賃がまるまる収入になるんですね！」

椿内さん　「そういうことだよ。もし頑張って定年前にローンを返し終えれば、退職金と合わせてかなり豊かな老後生活のスタートを切れるのさ。しかも、返済期間が短くなればその分、金利分の負担も軽減できる」

カツノくん　「借金は早く返しておくに越したことはない、というわけですね」

椿内さん　「そういうことだ」

賃貸併用住宅『稼げるマイホーム』が持つ可能性

収支をシミュレーションしてみよう

椿内さん　「では、ここで試しに、賃貸併用住宅『稼げるマイホーム』を建てた場合の収支をシミュレーションしてみよう。詳しくはあとでまた説明するので、ここではイメージをつかんでほしい」

カツノくん　「お願いします！」

椿内さん　「25・03坪（82・75㎡）の土地で、31・04坪（102・61㎡）の建築面積の家を、賃貸併用住宅で運用する場合を想定する。52㎡を住居部分、残り50・61㎡を2部屋の賃貸アパートにする。で、土地と建物あわせて5000万円で購入したとしよう」

カツノくん　「あ、質問です！　さっき、僕の場合だと買える物件は2800万円くらいっていう話じゃありませんでしたっけ」

椿内さん　「それは100%自分で住む家を購入する場合だね。収益不動産の場合は物件が将来生み出す家賃収入を加味して計画を立てるため、高額な物件になっていくんだ」

カツノくん　「なるほど、すごいですね！」

椿内さん　「さて、シミュレーションを続けよう。この5000万円の物件を頭金700万円、ローン4300万円で購入すると仮定する。35年変動金利、金利0・5%でローンを借りた場合、毎月の住宅ローン返済額は11万1622円になる。

　そして、賃貸アパートを7万円で貸した場合、2部屋分の月額14万円が収入になる」

カツノくん　「毎月3万円の黒字に！」

椿内さん　「待った。かかる費用はローンの返済だけじゃない。賃貸アパートは、管理会社に管理を委託する必要がある。管理費はだいたい家賃の5%だから、管理費7000円の支払いが必要だ。また、夜間の照明など共益

収支のシミュレーション

購入価格と月額住宅ローン（単位＝円）

項 目	稼げるマイホーム
購入価格	50,000,000
頭金	7,000,000
住宅ローン	43,000,000
金利	0.50%
支払期間	35年間
月額住宅ローン	111,622

収支計算（単位＝円）

項 目		稼げるマイホーム
収入	家賃収入	140,000
支出	住宅ローン	111,622
	管理費	7,000
	共益費	5,000
	修繕積立金	10,000
	合計	133,622
収 支		6,378

費も5000円程度かかる。
　築10年くらい経過すると給湯器の交換や各所の修理が発生するので、毎月修繕積立費を1万円計上しておこう。これを加味すると、月の出費は13万3622円になる。差し引き、6378円が毎月の黒字だね」

カツノくん　「6000円ちょっとかあ……でも、ちょっと待ってください。住宅ローンを自分で払わなくてもいいんですよね。それでいて毎月6000円収入が入る……奇跡ですよね！」

椿内さん　「少ないけれど、収入が入るからね。さらに、さっき説明したとおり、ローンをどんどん繰り上げ返済すると、家賃がまるまる収入になるボーナスタイムの訪れはどんどん早まっていく」

カツノくん　「なるほど。現金で貯金する予定だった分をローンの繰り上げ返済に回すのも手ですね」

椿内さん　「賃貸併用住宅『稼げるマイホーム』は持ち家と賃貸アパート経営の2つの顔がある。賃貸アパート経営の基本は、繰り上げ返済なんだ。どんどん返済して2棟、3棟と投資していく」

間取りの可変性が大きな武器に

カツノくん　「賃貸併用住宅『稼げるマイホーム』の良さは、よくわかりました。ただ、心配な点があって……」

椿内さん　「なんだい？」

カツノくん　「いえ、さっき結婚はしないかもしれないと言ったものの、人生何があるのかわからないじゃないですか。そうなったときに、家の間取りがギリギリで定まっちゃってるのはちょっと怖いなって」

椿内さん　「なるほど。もっともな話だね。でも大丈夫。賃貸併用住宅『稼げるマイホーム』なら、ずっと一人だったり夫婦だけで生きるつもりだったりしたライフスタイルが変わっても柔軟に対応できるんだ」

カツノくん　「どういうことですか？」

椿内さん　「たとえば、子どもを授かったとしたら1LDKの間取りでも、子どもが小さいうちはまあ暮らせるよね。しかし、中学生くらいになったらどうだろう」

カツノくん　「さすがに狭いですよね。子ども部屋も本人が欲しがるだろうし」

椿内さん　「そんな場合の解決策があるんだ。賃貸に出している2部屋のうち1部屋を、子ども部屋にしてしまう」

カツノくん　「あっ、そんな手があったんだ!」

椿内さん　「そう。もちろん、そこに住んでいた人の分の家賃収入はなくなってしまうからローンの負担は発生するけど、一室は貸しているので、その収入は入ってくる。普通の一戸建ての住宅ローン返済額よりはだいぶ安い。そんなに大きな問題にはならないだろう」

カツノくん　「それであれば、もしも子どもが2人になっても、独り立ちまで家の広さの問題はどうにかなりそうですね。学生ならワンルームに2人で住んでいてもおかしな話じゃないですし。子どもが独立して巣立ったら、また貸せば収入が入ってくるんですね。

部屋を持っているって、大きな資産を持っていることなんですね……すごく可能性が広がります」

椿内さん　「もっと逆転の発想もできる。子どもが成人して結婚し、孫ができる頃には、自分たちが住んでいた部屋に子ども一家を住まわせ、自分たちが賃貸部分に住むという使い方もアリだ。モノを整理すればワンルームに二人でも住めないことはない。

もし狭ければリフォームをして2つのワンルームアパートを1つの家にすれば、2世帯住宅に早変わりだ。

1世帯の家を2世帯にリフォームをすると、別に玄関を設けたり、階段を設置したりするためにかなり高額になるので、建て替えた方が早いと思う。しかし賃貸併用住宅の最大の特徴は、独立した玄関と階段が最初からあることだ。簡単なリフォームで2世帯住宅に変身できるんだ」

カツノくん　「すごい。間取りが定まるどころか、1つの家でいろんなライフスタイルに対応できるんですね」

椿内さん　「賃貸暮らしじゃこうはいかないよ。繰り返すけど、引っ越せばいちいち初期費用がかかるからね。究極、賃貸併用住宅『稼げるマイホーム』なら、大人数で住めるように途中でリフォームして間取りを変えてしまうこともできる。自分の持ち物をどうしようと自由だからね」

カツノくん　「なるほど……賃貸併用住宅『稼げるマイホーム』は、人生の変化に合わせて暮らし方を変えられるんですね」

「出口戦略」を考える

椿内さん　「さらに先まで考えてみよう。『出口戦略』だ」

カツノくん　「出口戦略?」

椿内さん　「投資の『終わり』をどうするか考えることだよ。始めた投資には必ず終わりがある。株式だって、配当を除けば売却という出口を取ることで初めて利益が確定する」

カツノくん　「不動産の場合、どういう出口になるんですか?」

椿内さん　「売却と相続のふた通りだよ。売却は、さっき話したように老人ホームに入るなど急な出費が生じたときに、物件を売って現金化すればいい。ローンを払い終わっていれば確実に売却益が入るよ」

カツノくん　「はい。もう一つの相続っていうのは、自分が死んだときに遺産にするってことですよね？」

椿内さん　「そうだよ。残された奥さんや子どもにとってみれば、収益が入ってくるアパートが遺産としてもらえるわけだから、とても嬉しい話だよね。ローン返済もないから負担もない。

しかも、賃貸併用住宅『稼げるマイホーム』はいくつかの区分に分かれているから、奥さんと子どもに一部屋ずつ、なんて分け方も可能だ。実は、分割しづらい普通の一戸建てだと、けっこう相続のときにトラブルになりがちなんだよ」

カツノくん　「らしいですね。なので、うちは絶対に実家の相続のときは売ってお金で分けようって話をしています」

椿内さん　「それがいいかもね。しかも、賃貸併用住宅『稼げるマイホーム』の相続は現金で相続するのに比べて大きなメリットがある」

カツノくん　「どんなメリットですか？」

椿内さん　「相続税が安いんだ。財産には相続税評価額というものがあって、相続のときはこの相続税評価額を基準として相続税の額が決められる。たとえば現金5000万円であれば相続税評価額はそのまま5000万円。でも、不動産の場合は相続税評価額が安くなるんだ」

カツノくん　「なんでですか?」

椿内さん　「まず、不動産をお金に換えようとしたら手間と時間がかかるし、安く買い叩かれるリスクもある。そうした事情を鑑みて、評価額はだいたい現金の7割くらいといったところだ。プラス、特例だ」

カツノくん　「特例?」

椿内さん　「相続税法上の特例というものがあってね。ある条件に当てはまった不動産は、通常の評価額よりさらに安く評価されるんだ。難しい説明は省くけど、賃貸併用住宅『稼げるマイホーム』の場合だと『賃貸アパートの場合は安くなる』『亡くなった本人が住んでいた家だと安くなる』という特例に当てはまる可能性がある。

うまくすれば物件価値の1割とかのレベルの評価額になるから、そうしたら、ほかの財産にもよるけどほぼ相続税はかからないと考えていいだろう」

カツノくん　「税金ゼロですか！　相続する人たちからしたらコストをかけずに優良資産を得られるわけだから、喜んでもらえそうですね」

椿内さん　「そうだろう。このように、賃貸併用住宅『稼げるマイホーム』は出口戦略の考えやすさという目線で見ても優れた投資なんだ」

カツノくん　「持ち家とは、人生の夢を持つことなんですね。なんだかワクワクしてきましたよ」

第4章

賃貸併用住宅
『稼げるマイホーム』の
リスクも知っておこう

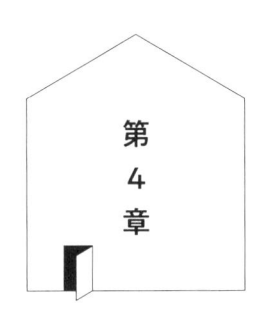

リスクはないの？

「空室リスク」が一番の問題

カツノくん　「賃貸併用住宅『稼げるマイホーム』が魅力的であることは、わかりました。でも、何かしらリスクはありますよね？」

椿内さん　「いい質問だ。リスクのない投資は存在しない。重要なのはリスクをきちんと知ったうえでリターンを目指して実行することだからね。賃貸併用住宅『稼げるマイホーム』には、いくつかのリスクがあるよ」

カツノくん　「どんなリスクですか？」

椿内さん　「まず、空室リスク。物件から入居者が出てしまって空きが出るリスクだね。入居者がいなければ当然、その間の家賃は入ってこない」

カツノくん　「家賃が入ってこない！　それは全然、計画が変わってしまいます」

椿内さん　「だからこそリスクを理解し、工夫によってカバーするんだ。カツノくん、空室リスクをヘッジする方法はどんなものが考えられるかな？」

カツノくん　「へ？　いや……入居者さんになるべく引っ越さないよう連絡する、とかでしょうか」

椿内さん　「ちょっと逆効果になりかねないね、それは。じゃあ、前提から考えてみよう。まず、空室が生まれるタイミングを全くなくすのは、これはできない。入居者はいずれ引っ越すからね。止められないし、止めようと考えたところで意味がない。

考えるべきなのは、出て行った入居者の代わりになるべく早く次の人に入居してもらうことだ。それには、どうすればいいと思う？」

カツノくん　「なんでしょう、不動産会社の人にお願いするとかでしょうか？」

椿内さん　「すごい！　正解だ。広告料というんだけど、入居者を集めてくれる賃貸仲介会社にオーナーから家賃の1～2ヶ月分くらいを払い、自分の物件を優先的に案内してもらうのも一つの方法だ。余分にお金を払うとしても、空室期間が長引くのに比べたらマシだ。

ところが賃貸併用住宅『稼げるマイホーム』は、従来の賃貸併用住宅とは異なるコンセプトを持っているんだ」

カツノくん「どういうコンセプトですか?」

椿内さん「それは、若い世代が人生100年時代をゆとりを持って暮らすことができる、持ち家・貯蓄戦略なんだ。そのためには、5000万円台で物件を企画すれば、支払いもできるし、早く返済もできる。また次の資産運用計画も立てられるようになっているんだ。そこが今までの賃貸併用住宅とは全く違っている」

「単なる不動産投資ではなく、人生100歳までの生活設計なんだ」と、深く感銘を受けたカツノくんでした。

椿内さん「あとは、そもそもだけど入居者から選ばれやすい物件を作ること。一番大事なのは立地だね。入居者になる単身者は特に駅からの距離を気にするから、必ず駅近物件にすること。駅から近ければ築年数が経っていても部屋は埋まる」

カツノくん　「駅近が重要なんですね」

椿内さん　「あと、入居のルール作りで空室リスクをカバーする方法もある。カツノくん、今の家に住むときに礼金は払ったかな？」

カツノくん　「はい、払いました。家賃の1ヶ月分。意味わからないですよね、礼金って。なんでこっちがお客さんなのにお礼のお金を払わないといけないんでしょうか」

椿内さん　「不動産業界の古くからのならわしだからね。ただこの礼金、オーナーの側から見ると性質が変わってくる。前の入居者が出ていって家賃が入ってこない間の収入の保障、という意味合いがあるんだ」

カツノくん　「なるほど！　礼金を設定するのも一種の空室対策なんですね」

椿内さん　「そうだよ。このように、空室リスクがあることを理解したうえで対策を取れば、やりようはいくらでもある。しっかり経営していれば空室だらけで予想の収益が全然上がらないなんて事態にはなりにくいんだ」

カツノくん　「空室リスクは怖くないんですね！」

椿内さん　「ただし、地域によっては敷金や礼金が取れないケースがあることには注意だ」

トラブルが起こる？

椿内さん　「ほかのリスクといえば、トラブルだね」

カツノくん　「入居者ともめるってことですか？」

椿内さん　「それも含めてね。大家と入居者のトラブル、入居者と近隣住民とのトラブル、いろいろある」

カツノくん　「いやだなあ。どんなトラブルがあるんでしょう？」

椿内さん　「代表的なのは家賃滞納。入居者が家賃を支払ってくれないケースだ」

カツノくん　「家賃を支払ってくれないなら、出て行ってもらえばいいんじゃないですか？」

椿内さん　「そう簡単にはいかないんだ。日本の法律では基本的に入居者の権利がとても強くなっているからね。家賃滞納が起きたとしても、3ヶ月くらい滞納が続き、裁判所に訴えて退去を認めてもらえるまでには合計半年くらいはかかる。

　その間、家賃収入は止まり続けてしまうんだ」

カツノくん「大損害じゃないですか！　どうやって対処すればいいんですか」

椿内さん「まず、家賃滞納しにくい人に入居してもらうことだ。入居時は大家が審査できるからね。長く続いている会社のサラリーマンや公務員は、比較的滞納しにくい。

　一方、収入の波が激しい仕事をする人や小規模な自営業者は、お金がなくなって家賃滞納するリスクはやや高いといえる。地域にもよるし、あくまで一般論だけどね」

カツノくん「判断が難しそうですね」

椿内さん「そのあたりは大家業に慣れて自分なりの感覚を作るしかないのかもね。あとは、もし滞納が生じたらすぐに催促の連絡をして、それでも振り込まれなければしつこく毎日つつき続けるのが重要だ」

カツノくん「う……なんかすごくやりたくないです」

椿内さん　「大丈夫。普通は管理会社に頼むから代わりにやってもらえるよ。ただ、大家から管理会社にしつこく言わないと動いてくれない可能性があるから注意だ」

カツノくん　「なんかシビアな話ですね」

椿内さん　「そこのところはね。正直、入居者だって人間だから、たまたまひと月だけ家賃の振り込みを忘れるなんて全然ありえる。重要なのは、そこで翌日すぐに連絡が来て、急いで振り込まないと追いかけ回される、という経験をしてもらうことなんだ。

カツノくんだったら、もし家賃を振り込み忘れて、特に連絡がないまま1ヶ月後に自分で気づいたとしたらどう思う？」

カツノくん　「あ、そんなもんなんだ、別に督促とかないんだ、と思うかもしれません」

椿内さん　「そうだろう。すると、人間は繰り返す。油断してしまうんだ。なかには、ここの物件は管理がいい加減だから家賃支払いは時々飛ばしてもいいや、と考える悪い入居者もいるかもしれない」

カツノくん　「きちんとした督促はお互いのため、というわけですね」

椿内さん　「そう。お金に関しては支払うときだけじゃなく、もらうときもきちんとしていなければいけない。私の会社はとにかく入居率の向上を重視して、優良な管理会社と提携しているよ」

入居者の生活態度で問題が起きることも

椿内さん　「そのほかに問題になるパターンがあるのは、入居者が生活のルールを守らないケースだね」

カツノくん　「ゴミ出しとか、騒音とかですか？」

椿内さん　「そう。ゴミ出しの日や分別に関する地域のルールを守らなかったり。そういう生活態度の悪い入居者がいれば、クレームは大家のところに来る」

カツノくん　「大家の責任なんですね……」

椿内さん　「ほかには、騒音や異臭とかだね。入居者がにおいの強い植物を自宅で大量に栽培していたり。すごい例だと、一人暮らしのはずの入居者が親戚を呼び寄せて勝手に大人数で暮らしていたアパートも聞いたことがある」

カツノくん「ひえぇ。信じられない話ですね」

椿内さん「それでも、よほどひどいケースでない限り、オーナーが入居者に退去命令は出せない」

カツノくん「変な入居者に当たってしまうと本当に大変なんですね」

椿内さん「あとは、反社だね。反社会的勢力と契約を結ぶことは法律で禁じられているから、知らず知らずのうちに指定暴力団の組員などを入居させてしまえば大家が罪に問われる危険もある。反社会的勢力ではない人間に表向き契約させておいて、実際には別の人物が物件を使用するなんてケースも過去にあったようだ」

カツノくん「そんなことになったら、どうしようもないですね……」

椿内さん「だから、自分の物件に実際どういう人が住んでいて、どのように部屋を使っているのかは、大家がある程度把握しておかないといけないよ。賃貸併用住宅『稼げるマイホーム』なら、大家も同じ物件に住んでいるから基本は大丈夫だろうけどね」

カツノくん「入居審査は慎重にやらないといけないんですね」

椿内さん　「そう。あとは、書面だね」

カツノくん　「書面？」

椿内さん　「普通は不動産会社が契約書を用意してくれるけど、生活上のルールや暴力団排除の条項をきちんと記載して、不動産用語で『重説《じゅうせつ》（重要事項説明）』という契約書説明で、入居者に口頭で話してもらうのが重要だ。

　不動産会社が用意した契約書を確認せずにそのまま使うのではなく、地域特有のルールや大家の希望による改訂箇所がないかよくチェックして、必要であれば不動産会社にアレンジしてもらったほうがいい」

カツノくん　「契約書ですか……仕事でも契約書を読むのは大の苦手です」

椿内さん　「それでも、老後のためだと思って頑張らないとね。ちゃんと勉強すれば知識が増えて視野が広がるし、不動産に詳しくなるのは楽しいものだよ」

カツノくん　「ふむふむ」

椿内さん　「いっそ、国家資格の宅建士を取るのも手だ。不動産に関する法的な知識は、ビジネスや日常生活でも役に立つからね」

賃貸併用住宅『稼げるマイホーム』は「事業」だ！

投資ではなく経営として考える

椿内さん「リスクの話の流れで、最後に重要なポイントをまとめておこう。賃貸併用住宅『稼げるマイホーム』は不動産投資の一種だけど、不動産投資はほかの投資とは決定的に違う点が一つある」

カツノくん「なんですか？」

椿内さん「ほかの投資と違い、不動産投資は『事業』であることだ」

カツノくん「事業？」

椿内さん「株式にしてもFXにしても仮想通貨にしても、金融投資はお金を投資したら、自分では操作ができない。投資先が嫌なら別の銘柄に変えるしか方法はない。しかし不動産投資だけは、実際に賃貸物件を経営して入居者からお金をもらわないとリターンを得られない。つまり、ビジネスなんだ」

カツノくん「なるほど。確かに投資っていうと、一回お金を入れたら売却するとき以外は何もやらないイメージがありますもんね」

椿内さん「そう。そういう投資の感覚で不動産投資をやると、たいてい失敗する。起業して不動産事業を興したんだというくらいの心持ちで、少しでもビジネスがうまくいくように工夫する心構えが大事なんだ」

カツノくん「なんか、ハードルが高い感じがしますね」

椿内さん「そんなことはないよ。起業とは言ったけど、別にお金がなくなって会社が潰れてしまうリスクが高いわけでもないしね。

そして、逆に言えば事業としての色合いが濃いからこそ、不動産は投資を実行したあとに自分で努力して収益を高められる唯一の投資であるとも言える」

カツノくん「確かに。自分でいくら頑張っても株価を上げたりはできないですもんね」

椿内さん「そして、何より楽しい。自分の裁量でどんな施策でも実行できるのは仕事としてダイナミックだし、努力が実って成果が出るのはとてもやりがいを感じる。賃貸併用住宅『稼げるマイホーム』をきっかけに不動産投資に興味を持ち、仕事を辞めて専業大家になった人もいるよ」

カツノくん「専業大家！　夢みたいですね」

椿内さん「そういう人は不労所得で悠々自適というより、ビジネスを楽しんで自分でどんどん仕掛けていくタイプが多いけどね」

カツノくん「なんだか楽しそう！　ワクワクしてきました」

第5章

実践！　賃貸併用住宅『稼げるマイホーム』を建てよう！

賃貸併用住宅『稼げるマイホーム』、勝利の方程式

勝てる立地のポイント

カツノくん　「椿内さん、賃貸併用住宅、すごく良いですね！　もっと詳しい話を教えてください」

椿内さん　「もちろん。じゃあ、実際に『稼げるマイホーム』として活躍できる賃貸併用住宅戦略を説明しよう」

カツノくん　「お願いします！」

椿内さん　「まず重要なのは、『どこに建てるか』だ。立地選びに失敗すると、挽回は難しいからね」

カツノくん　「条件は駅近、でしたね」

椿内さん　「そう。もう少し具体的にいうと、できれば駅から7分以内が最適だが、

10分以内であれば入居率は高い。遠くても15分以内であれば問い合わせは多くなる。これは、不動産情報データにも出ているよ。

大事なのは、入居者がインターネットで物件を探すときの絞り込み条件に、7分、10分、15分以内という数字が入っている点だ。そもそも検索に引っかからなければ、検討すらしてもらえないからね」

カツノくん「なるほど……知りませんでした」

椿内さん「あとは、『急行が停まる駅を選ぶかどうか』を考えてみよう」

カツノくん「そりゃあ急行が停まる駅のほうがいいんじゃないですか？　各駅停車しか停まらない駅って都心でも5分はホームで電車を待たないといけなかったりして不便ですよね」

椿内さん「ただ、そこは予算との兼ね合いで何を優先するかを考えないといけない。カツノくん、各駅停車しか停まらない駅から徒歩10分圏内に物件を建てるのと同じ予算だと、急行が停まる駅からは何分くらいの場所に物件を建てられると思う？」

カツノくん「うーん、急行が停まるかどうかでそんなに違うんですか？」

椿内さん　「違うんだ。答えは、同じ予算で急行の停まる駅だと、だいたい駅から徒歩15分以上といった感じだ」

カツノくん　「けっこう違いますね……。賃貸に住む人は駅から多少遠くても急行停車駅に住みたいのか、ですね。なんだか人による、としか僕にはイメージできないです」

椿内さん　「そう、人による。ただ、私の経験からいうと、たとえ急行が停まらなくても駅から近い物件のほうが圧倒的に人気になるね」

カツノくん　「へー。そういうものなんですね」

椿内さん　「ここまで私が駅近にこだわる理由は、長期的な運用のためだ。駅から距離がある物件は、新築のときは人気でも築年数が経つとどんどん不人気になるんだよね」

カツノくん　「確かに、古いうえに駅から遠いんじゃ住みたいと思う理由がないですね」

椿内さん　「そうして不人気になると、家賃を下げなければ入居者がやって来ない。オーナーの収入は当然下がる。さらに築年数が経てばさらに人気がなくなるから、また家賃を下げる。結果、老後資金の計画が狂ってしまう」

カツノくん「駅近を選べば、長く運用しても家賃下落のリスクを避けられるんですね」

椿内さん「ただし駅近では、形の良い土地は高額になる。形の悪い土地は安価になるが建物を設計しづらい」

カツノくん「難しいんですね」

椿内さん「そこで、賃貸併用住宅の設計には賃貸アパート設計のノウハウが必要となるんだ。なぜなら1つの家にオーナーの玄関、入居者の玄関2つ、合計3つの玄関の設計は、住宅業者ではなかなかできないからだ。そのため設計のしやすい土地を選定するが、駅近では高額になって物件価格が上がり、利回りの低下が起きる。

また物件価格を下げるために駅から15分以上かかる土地に建てれば、入居率の低下を発生させる」

カツノくん「住宅と賃貸併用住宅は、同じ住居でも全く違うのですね」

椿内さん「そう。だから、賃貸アパートの専門業者に依頼する必要がある」

「入居者ファースト」の考えとは？

カツノくん　「物件の間取りとかって、どうすればいいでしょうか？　プロにお任せですかね？」

椿内さん　「具体的な設計作業はもちろんプロに任せることになるけど、入居者受けがいい間取りの基本的な条件は知っておいたほうがいいだろうね。最も大事なのは、『入居者ファースト』の思想だ」

カツノくん　「その心は？」

椿内さん　「自分の好みより入居者の好みを考えよう、ということだね。もし賃貸併用住宅ではないマイホームを建てるのであれば、自分の好みで徹底的にこだわればいい。家は人生最大の投資だから、こだわりたくなるのは当然だからね。しかし賃貸併用住宅『稼げるマイホーム』では違う」

カツノくん　「何が違うんでしょう？」

椿内さん　「入居者というお客様に住んでいただく家なんだから、入居者が住みやすい設計を考えていかなければならない。自分の住まいをあまり優先すると、入居者の住まいにしわ寄せが来て、その結果入居率の低下を起こしてしまう。自分の城としてこだわるのであれば、普通の住宅を選択したほうがいいと思う」

カツノくん「自分の家なのに自分を重視しない……なんだか難しい話ですね」

椿内さん「入居者ファーストは、生活上の心構えについても同様だ。活動時間帯は人によって違うから、入居者が夜中に部屋で仕事をしている音が気になるかもしれない。洗濯物の干し方が乱雑で気になるかもしれない。ゴミの出し方が気になるかもしれない。

しかし、同じ屋根の下に一緒に暮らしているので、ルール・マナー違反をしていなければ、お互いの暮らしを尊重するのが賃貸併用住宅の暮らし方だと思う。

ただし、ルール・マナーは徹底させなければいけない。そのためには、入居前に管理会社からルール・マナーをしっかりと説明して、理解をしてもらうことが大切だ。

守られない場合は、管理会社からしっかりと注意をしてもらい、全員で住みやすい賃貸併用住宅『稼げるマイホーム』にしていくことが大切だね。オーナーである自分も入居者の一人だと考えるくらいでちょうどいい」

入居者が集まりやすい間取り設計

ワンルームなのに寝室がある！

椿内さん　「では、それを踏まえて、入居者が集まりやすい住宅づくりについて具体的に説明してみよう。このパース図を見てほしい」

カツノくん　「これは？」

椿内さん　「BestStageが展開している『Cabin』という賃貸住宅シリーズの設計プランだよ。BestStageがどのように入居者ファーストを意識した設計提案をしているか、説明したいと思う」

カツノくん　「何だかワクワクしますね」

椿内さん　「Cabinの特徴は、寝床がスキップフロアのように、中段に設計され、居室と分離されていることだ」

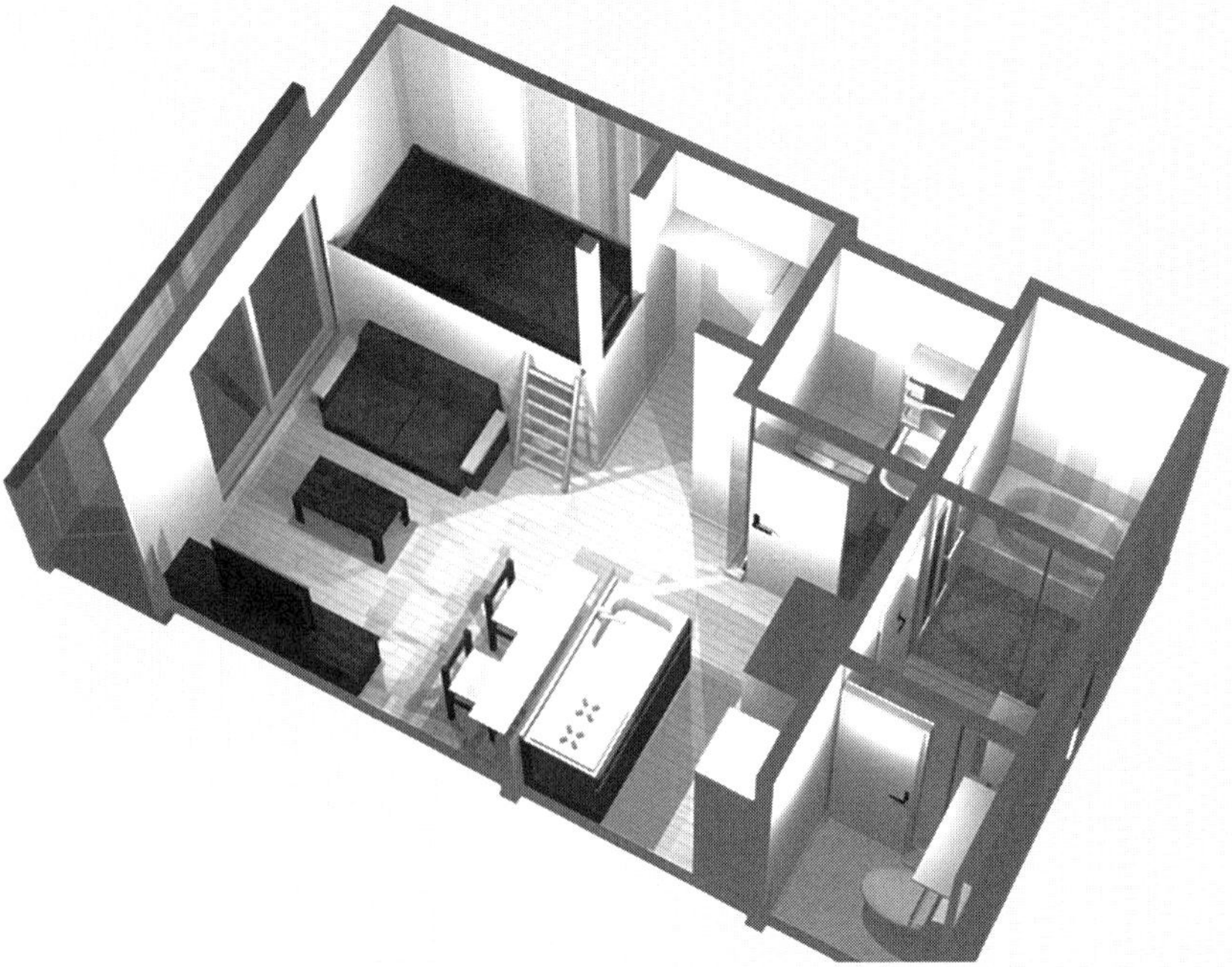

カツノくん「どういう考え方でこの設計になったのですか？」

椿内さん「部屋のなかに寝床が一体化している設計だと、どうしても生活していくうちに乱雑になってしまうからだよ。

カツノくんはワンルームに住んでいるけど、引っ越し当初はベッドの上の寝具をきちんと整理していただろう。しかし仕事が忙しくなると、段々寝具の整理もしなくなり、そのうち着替えや雑誌が散乱して、荷物置き場になっていってないかな」

カツノくん「う……僕の部屋を覗きましたか？」

椿内さん「そうなってしまうのはカツノくんだけじゃない。大体の人に共通する傾向だ」

カツノくん「はい……ちょっと僕が今住んでいるワンルームはとても人に見せられる部屋ではないです」

椿内さん「それが、寝床が別になっていると、部屋の見苦しさが全然違ってくる。Cabinは、ワンルームなのに居室と寝床が別になっている。いわば1LDKのような間取りになっているんだ。

しかも、寝床の下が大きな収納スペースになっている。小さな段ボールなら60個も収納できる設計になっているんだ」

カツノくん 「段ボール60個！　それはすごい。ワンルーム暮らしと収納場所不足って、切っても切れない悩みですもんね」

椿内さん 「夏服・冬服の使っていないほうを収納にしまっておくことも可能になるからね。Cabinに住んで、以前はズボラだったのに生活全体が丁寧になって、部屋を整理整頓できるようになったというのは入居者からよく聞かれる声だ」

カツノくん 「最近はテレワークになる日も多いですからね。確かに、部屋が乱雑だと仕事の能率が下がるというのは僕も感じていました。整理整頓しやすい家は嬉しいですね」

椿内さん 「そう。暮らし、仕事、寝る、という生活の3つのステージを明確に分け、オンオフが切り替えられるような住宅の提案なんだ。新型コロナウイルスの流行でテレワークが増えてから、ますます人気になっているよ。ただ、間取りによってはCabinシリーズでない賃貸併用住宅になる場合もある」

対面キッチンで友人とコミュニケーションを

椿内さん「Cabinシリーズで他に、カツノくんが気がついたところはあるかな」

カツノくん「やっぱりキッチンの位置ですね。僕のアパートではキッチンは廊下の端っこにあり、料理を作る気持ちにはなれません。しかしCabinキッチンは、居室のなかにあって対面式になっています。マンションのような設計ですね」

椿内さん「いいところに気がついてくれたね。Cabinのもう一つの売りが対面キッチンなんだ。単身者のワンルームアパートのキッチンは、食器を洗うか、簡単な調理くらいにしか使わないよね。しかしCabinの対面キッチンは、IHの2口コンロで、ワイドも1350㎜と大きく作ってある」

カツノくん「僕のアパートのキッチンは90㎝くらいしかなくて、野菜を切っても置

W1350×D600㎜

■対面キッチン

1R（Cabinプラン）/1LDK など

人気の対面キッチンは、Cabinプランの1Rでも設置可能！

IHクッキングヒーターは縦型で、複数人分の調理でも充分なスペースを考慮。

後方には冷蔵庫やレンジラックを置くスペースも確保しているので、1Rでも余裕のある空間となっています！

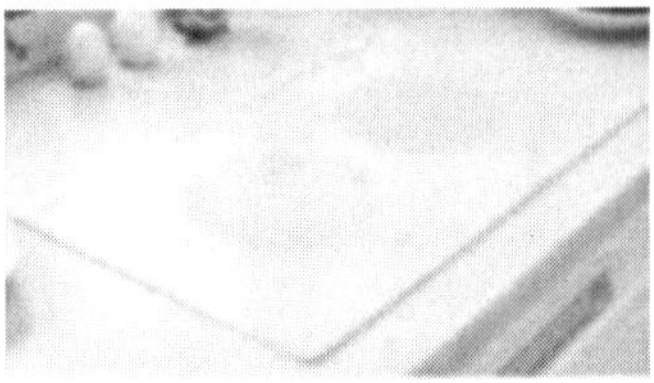

2口IHクッキングヒーター

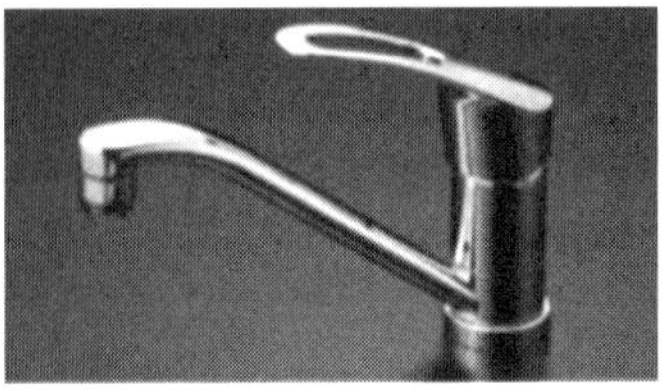

シングルレバー

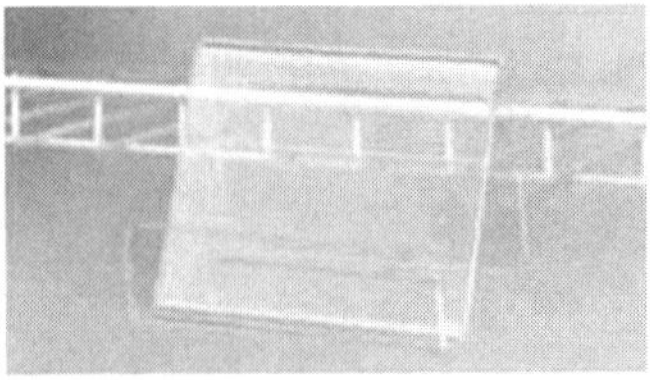

メディアスタンド

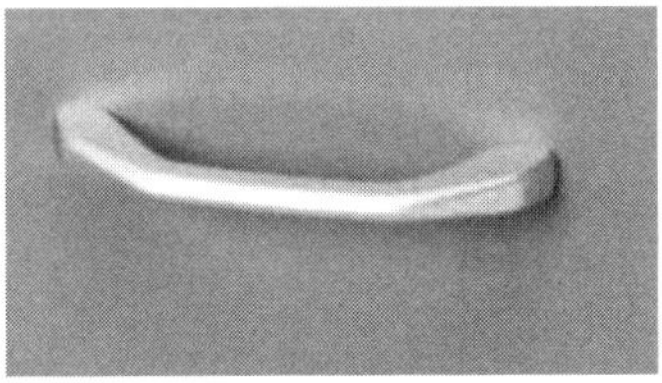

カラー用専用把手

キッチン

W1200×D500㎜

■壁付けキッチン

1K/2Kなど

居室空間を広くとれる壁付けタイプ。横型のIHクッキングヒーター部分は、フラットなので調理スペースにも！

上部には2段の棚板と、水切かごにもなる収納スペースを確保。

■施工事例

くところがないので料理は買ったものを並べるだけ。食べた後の食器を洗うくらいしか使わないです。あと僕が気になったのは、ダイニングテーブルがキッチンに隣接しているのはすごく珍しいですね」

椿内さん 「テーブルだね。ここも工夫したポイントなんだ」

カツノくん 「どんな意図があるんですか？」

椿内さん 「一般的なワンルームだと、キッチンは簡素なものが部屋の端っこについていて、料理という最低限の機能を果たすだけになっているよね。これからの住宅は、それではいけないと私は考えている」

カツノくん 「これからの住宅？」

椿内さん 「料理や食事って、重要なコミュニケーションの機会だと思うんだ。カツノくんは、人と一緒に料理して食事をして楽しかった経験ってないかい？」

カツノくん 「料理ってほどじゃないですけど、バーベキューとかですかね？　楽しいですよね」

椿内さん 「まさにそういうことだよ。そういう食事の楽しさを、たとえ一人暮らしであっても入居者に味わってほしい。そんな思いを込めて、キッチンと対面したテーブルを設けたんだ」

カツノくん「なるほど。新型コロナでお店も開いていない場合が多くなって、ホームパーティーも増えましたもんね」

椿内さん「そうした価値観の変化は、これからも以前と全く同じに戻ることはないだろうと思っている。家での暮らしを大事にする、というのは今後のスタンダードになっていくだろう」

カツノくん「確かに、『おうち〇〇』みたいな言い回しがすごく普及しましたもんね」

椿内さん「そこで、料理をする際も友人や恋人と楽しく会話しながら、コミュニケーションができる。そういうキッチンの機能は従来であればファミリータイプの分譲マンションにしか備わっていなかったけど、単身用の賃貸住宅にも求められるようになると思うんだ」

カツノくん「確かに、自分自身の生活の変化を考えても、それは頷けます」

椿内さん「入居者ファーストの定義についても、時代とともに変わっていくものだと思う。居室の広さ自体を拡大するのは難しくても、間取りの工夫で家での暮らしの質を上げる。それが入居者に優しいこれからの住宅づくりにおける、基本的な考え方だと確信している」

カツノくん「なるほど、先ほどの話と合わせて考えると、オーナーが自分の趣味であれこれ考えるのではなく、あくまで現代の入居者が何を求めているのか、という観点を一番に考えないといけないんですね」

椿内さん「そう。最近になって劇的に時代が変わっているからこそ、ほかの賃貸住宅と差別化した画期的な住まいを作る大きなチャンスなんだ」

居室が少ない住宅は設備の充実が大事

椿内さん「次に紹介したいのが、設備だ。昔の賃貸アパートは、3点セットと言われた水回りで、浴室・トイレ・洗面台が1ヶ所になっていた」

カツノくん「ビジネスホテルにある設備ですね。お風呂に入るとトイレがビショビショになるのが気になりますよね。洗面道具を置く場所も少なく、使いづらいですね」

椿内さん　「昔の賃貸アパートは、結婚をする前の仮住まいだったので、間取りや設備を気にする入居者は少なかったけど、近年は住環境への意識が高くなり、新型コロナの影響でテレワークが増えたことで、賃貸アパートの設計や設備は拡充されている。

しかし、賃貸アパートは利回りが重要だ。予算をかけ過ぎては利回りの低下を起こす。そのために、入居者の要望を実現し、工事予算も抑える工夫が必要となる」

カツノくん　「賃貸アパートの設計もかなり奥が深いのですね」

椿内さん　「紹介したいのが、このバスルームだよ。これは分譲マンションでも採用されている機種で、ワイドミラーを使うことで浴室が広く感じられる。また大型のシャワーヘッドでホテルのような高級感を出している。

さらに、一番の提案は換気乾燥機。雨の日や冬は洗濯物が乾きづらいので、入居者からの評判も上々だよ。

また、女性は洗濯物を外に干したくないよね。部屋で乾かせればセ

Cabinの浴室設備。

浴槽への出入りを安心サポート

浴槽への出入りのしやすさに配慮したまたぎやすい高さです。

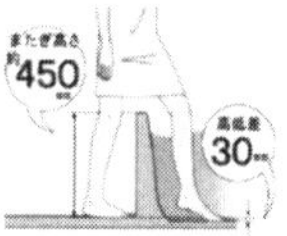

ゆったり感じるデザイン

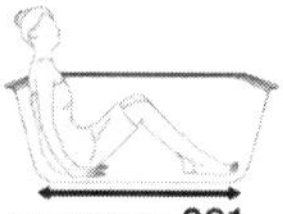

キレイドア

カビの発生しやすい浴室側のゴムパッキンをなくしました。

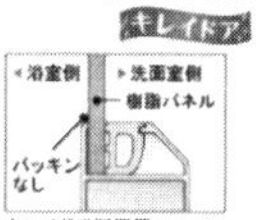

キレイドア断面図

浴槽

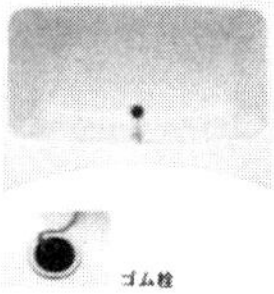

フロフタ

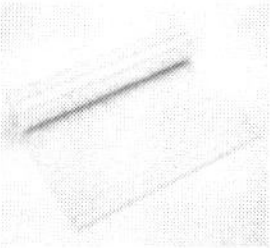

巻フタ
BL-S55099

天井

※写真はイメージです。

平天井

換気設備

100V換気乾燥暖房機
UFD-111A

ドア

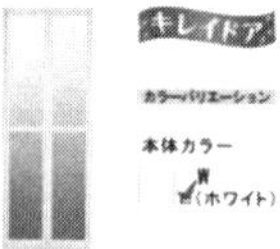

折り戸［11mm段差］(700W)
VDY-7002006R(79)/W

洗い場側水栓

壁付サーモ水栓(クロマーレS)
BF-WM147TX-PU

シャワーヘッド

エコアクアシャワー〈メタル調-ホワイト〉
BF-SL6BG(1.7)-PU/FW1

スライドバー

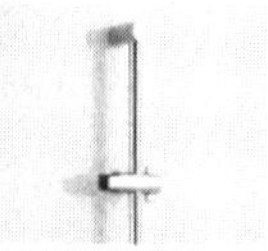

スライドバー〈メタル調〉
BF-FB27(800)-PU3

カウンター

カウンター550W〈クリア〉
R729L-CC

照明

スリム照明(LEDランプ)
LDA-C1-2A

ミラー

ワイドミラー
KGM-11440DS

収納

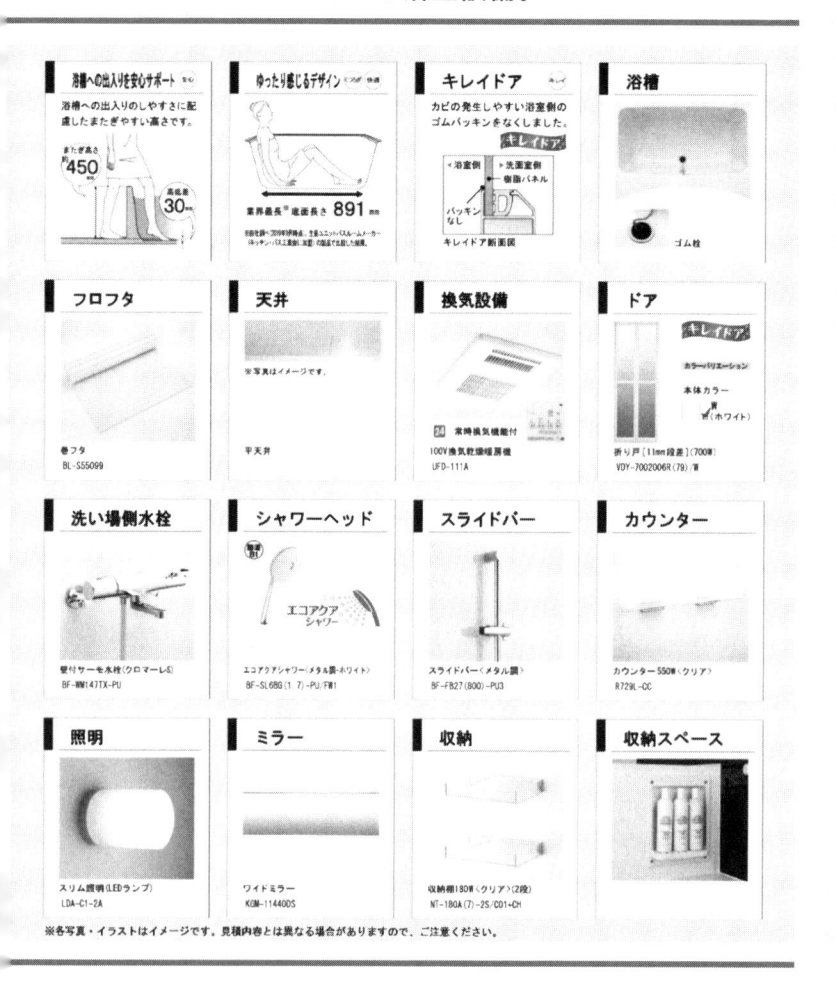

収納棚180W〈クリア〉(2段)
NT-180A(7)-2S/C01+CH

収納スペース

※各写真・イラストはイメージです。見積内容とは異なる場合がありますので、ご注意ください。

浴室
＞LIXIL/ユニットバス1014

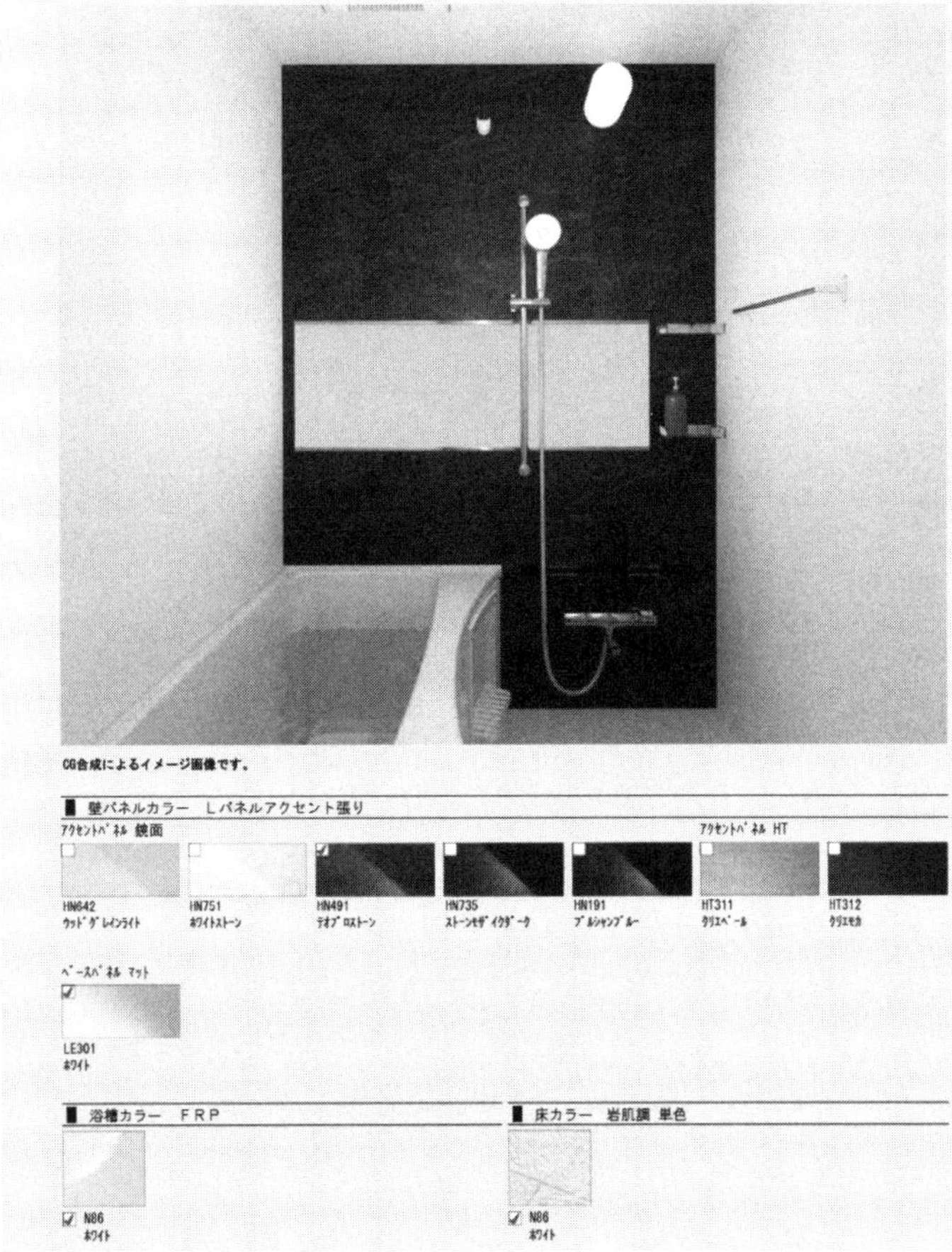

キュリティ向上にもつながると思う」

カツノくん 「便利な設備ですね。僕のアパートのバスルームは何だかカビ臭いし、雨の日は面倒な思いをしてコインランドリーに行くことも多いですね」

椿内さん 「今は、マンションやホテルだから高級品、アパートだから安物という考えはなくて、メーカーとの情報交換をしっかりと行うことで、安価でも入居者が喜ぶ提案ができるよ。

もちろんトイレはシャワー・トイレつき。照明はセンサー式になっていて、扉を開けると自動で明かりがつくよ」

カツノくん 「なんだか高級マンションみたいですね。電気の消し忘れも防げる。それでも家賃は相場どおりなんですか？」

椿内さん 「相場どおりだよ。むしろ、周辺相場より家賃を高くしてはいけないんだ」

カツノくん 「でも、せっかく高級仕様なら家賃を高くしたほうがオーナーの収益が増えるんじゃ？」

椿内さん 「賃貸経営はそう単純にはいかない。周辺相場と同様の家賃なのに明らかに設備がいいからこそ、入居者に選ばれるんだ。逆に、普通の家賃で普通の住宅にしてしまったら、入居者が不満に感じて退去してしまったり、次の入居者がなかなか決まらなかったりする可能性が高まる。そうすれば結局、損してしまうのはオーナーだ」

カツノくん

「ほかの同条件の物件より魅力的にすることを、最優先に考えないといけないんですね」

物件購入後の管理

管理会社を選ぼう！

椿内さん「さて、ここまでは主に、物件を建てる前段階で押さえておくべきポイントについて説明した。ここからは、購入後だ」

カツノくん「物件をどのように管理するか、ということですね」

椿内さん「そう。利回りの高い賃貸併用住宅『稼げるマイホーム』を運営するためには、購入コストの次に大切なのが管理会社の選択だ」

カツノくん「管理会社にはどんな役割があるんですか？」

椿内さん「管理会社の役割は、①が入居者の募集だ。入居者が入らなければ、賃貸併用住宅経営は赤字になってしまう。また入居者の都合で退去が発生しても、次の入居者を短期間で決めてくれる管理会社が必要だ。②が運営管理だ。家賃の徴収、入退出管理、住まいの問題の受け答えとオーナーへの連絡、入居者からのクレーム管理、近隣からのクレーム対応、メンテナンスなどさまざまだ」

カツノくん「多岐にわたる仕事があるんですね」

椿内さん「昔は賃貸アパートの管理会社は中小零細業者が多かった。大家さんも、管理会社も地元の人で、入居者募集も店頭の貼り紙広告が中心だった。多少クレームが発生しても、まあまあと済ませていた」

カツノくん「今でも、駅前の周辺に小さな不動産屋さんが結構ありますね」

椿内さん「時代が変わり、入居者の要望も色々あり、スピードが要求されるようになった。そこで大手の賃貸アパートの施工会社や仲介業者が参入してきた。テレフォンセンターなどを設置して、組織力で対応するので、入居者からは評価されている。
　さらに、大手が参入したのにはもう一つの理由がある。それは新築需要の減少で建築や販売では売上が伸びないので、安定している管理業務に力を入れる戦略に変わっていったことだ」

カツノくん 「BestStageは管理はやらないのですか」

椿内さん 「管理業務はシステムを構築したり、営業窓口も沢山必要だったりして経費がかかる。スケールメリットがないとコストも下がらないので、大手資本が今後も拡大していくと思う。

我々はBestStageの強みである、ローコストで喜ばれる設計プランの賃貸アパートを建築・販売する戦略に決めたんだ。BestStageは、賃貸アパートを販売すると、業務提携している大手管理会社をオーナー様に紹介している。大手管理会社も新たな管理物件を紹介されるので、しっかりと管理してくれる。その結果入居率が上がり、賃貸アパートを購入されたオーナー様からリピート受注も増えている。

BestStageは入居者様と大手管理会社の利益を考えた、『三方良し』という信念で経営をしているんだ」

カツノくん 「管理の品質・レスポンスの速さは大手なら安心ですね。ところで管理費も高いのでは？」

椿内さん 「管理費は業界の協定で賃料の5％と決められているので、大手でも中小零細でも変わらないんだ。そのため、大手の管理業者に依頼するオーナーは増えているね」

カツノくん　「大手は、Q「管理品質」・D「対応の速さ」・C「管理コスト」で、安心なんですね」

椿内さん　「QDCとは専門的な言葉を知っているんだね」

管理業務はシステムの時代

椿内さん　「もう少し管理業務について説明をしよう。大手の管理会社の強みは、組織とシステムを活用した集客力だと思う。例えば高度なシステムで、周辺にある物件がどんな家賃設定なのか即座に調べて、適切な家賃を提案してくれたりする。

先ほども説明をしたが、家賃の徴収・入退出管理・住まいの問題の受け答えとオーナーへの連絡・入居者からのクレーム管理・近隣からのクレーム対応・メンテナンスなど、大家と入居者とのやりとり全ての間に入ってくれる。夜間でも対応できるようにコールセンターも設置されている」

カツノくん「確かに、そういう人がいてくれないと、入居者と直接やり取りするのってちょっと気まずいですよね。本業の仕事もあるからそんなに時間は割けないし」

椿内さん「そう。管理会社に依頼をしない自主管理という方式もあるけど、結構手間がかかるからね。たとえば、夜中に部屋の設備が壊れて連絡が来たりしたら、全て自分で対応しないといけない」

カツノくん「うわっ、それはちょっときついです」

椿内さん「本業を持っているサラリーマンの場合、自主管理は現実的ではないね。さらに大切なのが入居者募集だ。今は管理会社が入居者募集の販促活動もやってくれる。大手管理会社は、自前のポータルサイトを開設して、沿線・駅からの距離・間取り・家賃・築年数の絞り込みをしてくれ、また見栄えの良い写真やキャッチコピーも作ってくれる。

先日募集したカメリアシリーズは外観や設備のＰＲも完璧で、なんと入居募集から3週間で15室全てが満室になった。立地・家賃・間取り・設備は重要だけど、いかに入居者にPRできるかも入居率を上げる重要な施策だね。

カツノくん　カツノくん、これを見てごらん。360度映像を全ての部屋で撮影したんだよ」

「これはすごい。現地を見学しなくても、手にとるように室内がわかるんですね」

椿内さん　「360度映像や3D映像など、システムをいかに使いこなせるかが、賃貸アパートや賃貸併用住宅の入居率につながると思う。BestStageは設計企画部と大手管理会社で定期的にワイガヤを行い、入居率UPにつながる企画を検討しているんだ」

参考：積水ハウスグループ「スムサイト」より360度パノラマ掲載物件
https://sumusite.sekisuihouse.co.jp/kanto/kodate/detail/C14300167517/
※著者が本URLの該当物件の購入を推奨するものではありません。また、書籍執筆時の公開物件のため、本書を読んだ際に掲載が終了している可能性がある点をご了承ください。

事業としての収支を計算してみよう！

かかるコストを考えて黒字を目指す

椿内さん　「さて、先ほど話した賃貸併用住宅『稼げるマイホーム』は賃貸アパート経営という事業である、という話をもう少し掘り下げて説明をしよう。ローンが完済すれば、賃料は全て収入と表で説明したね。そのなかに収支・収入・支出という3つの用語があった。これは会社で仕事をしている時に、同じような事に遭遇しているはずだ。カツノくんは、毎月会社に自分の仕事の結果を報告しているよね。どんな内容を報告しているかな」

カツノくん　「月次の売上と、かかる原価と、差し引きの利益額と……あと、経費も申告していますね」

椿内さん　「そうだよね。それって全て、会社からしてみると何のために社員に数字を報告させてるんだと思う？」

カツノくん　「ええと、現状把握と社員の評価のためでしょうか？」

椿内さん　「それもあるけれど、一番は決算をちゃんと黒字にするためだ。入ってくるお金と出ていくお金を短いスパンで把握して、最終的に1年間の経営成果として決算を黒字にするために数値管理をしている」

カツノくん　「なるほど、話が読めてきました。賃貸併用住宅の経営もそれと全く同じ、というわけですね？」

椿内さん　「そのとおりだ。すばらしい。賃貸経営は事業だから、必ず黒字を目指さないといけない。賃貸アパート経営の場合、収支という言葉使おう。収支は収入と支出の差で計算ができる」

カツノくん　「そうすると、収入にあたるのは家賃ですね」

椿内さん　「正解、家賃が収入だ。そして毎月の住宅ローンの返済を支出と考えればいい」

カツノくん　「これだけですか」

椿内さん　「その他支出として、管理会社に払う報酬を家賃の5％で設定する。共用部の電気・水道代が共益費。入退出で発生するメンテナンス費用や、築15年くらいで発生する大修繕を修繕積立金で計上しておこう」

カツノくん　「家賃収入からそれらを差し引いた金額が黒字になっていればいい、というわけですね」

椿内さん　「そう。それが賃貸経営事業の基本的な考え方だ。固定資産税や所得税も支出だけど、個人の税金との兼ね合いもあって複雑なのでいったんここではおいておこう」

購入コストによって収支に大きな差が出る

椿内さん　「黒字化を考えるうえでとても重要なのが、購入コストだ。カツノくんは土地を持っていないから、土地＋建築費を合計した購入価格で比較表を作ってみた。左が『稼げるマイホーム』で5000万円で購入した場合、右が他社で6500万円で購入した場合だ。『稼げるマイホーム』

は、わずかだけど毎月6378円の黒字になっている。他社は、6500万円の物件なので、毎月3万2560円の持ち出しが発生する。購入金額によって、月々の収支に大きな違いが出てくるのがわかるね」

カツノくん　「毎月3万円以上の持ち出し……ちょっときついですね」

椿内さん　「これはBestStageが安いと言っているのではないよ。BestStageの『稼げるマイホーム』の計画は、物件近隣の家賃相場の算出から始める。次に入居者の要望である駅徒歩7分・10分・15分以内で立地を探していく。

立地が決まったら、家主と入居者が快適に暮らせる設計を行う。そこから建築費を算出する。土地の価格と、建築費を合算して、販売価格を決める。販売価格から住宅ローンを算定する。家賃・経費・住宅ローンから収支を割り出し、利益が取れることがわかったら、土地の買付を行う。

だから絶対に利益が出るようになっている。おそらく、住宅専門の業者では、こういうステップでは販売価格を設定はしていないと思う」

価格・ローン／収支計算比較

購入価格と月額住宅ローンの比較（単位＝円）

項 目	稼げるマイホーム	他 社
購入価格	50,000,000	65,000,000
頭金	7,000,000	7,000,000
住宅ローン	43,000,000	58,000,000
金利	0.50%	
支払期間	35年間	
月額住宅ローン	111,622	150,560

収支計算の比較（単位＝円）

項 目		稼げるマイホーム	他 社
収入	家賃収入	140,000	140,000
支出	住宅ローン	111,622	150,560
	管理費	7,000	7,000
	共益費	5,000	5,000
	修繕積立金	10,000	10,000
	合計	133,622	172,560
収 支		6,378	－32,560

カツノくん　「なるほど、収支から計算して、立地選定、設計、建築コストを割り出すのですね。すごいなあ」

椿内さん　「そこで提案だ。ここで楽な状態に甘んじるのではなく、次のステップを目指そう」

カツノくん　「次のステップとは？」

椿内さん　「さっき話したように、賃貸アパート・賃貸併用住宅事業を成功させるためには、繰り上げ返済が大切なんだ。どんどん返済して借金をなくし、入ってきた家賃を次の投資につなげるんだ。これが賃貸併用住宅『稼げるマイホーム』の醍醐味だ。

さらに、繰り上げ返済のもう一つの目的は、家賃が下落し始める前に、完済してしまうことだ。賃貸物件は、家賃の下落率という指標がある」

カツノくん　「下落率とはなんですか？」

椿内さん　「今回この表には記載していないが、家賃はいつか下落していくんだ。正式なプランを作成するときは下落率も入れるけど、築年数に応じてどの程度家賃が下がるかを表すのが下落率だよ。ゴミ出し、清掃やメンテナンスなどしっかりと管理している賃貸アパート・賃貸併用住宅なら家賃は下がりにくいけど、やはり15年を過ぎると少しずつ入居率が落ちてくる。

たとえば、近隣に新しいアパートが建ったら、やっぱり比較されるよね。新しい賃貸アパートと古い賃貸アパートが同じ家賃だったら、新しいほうに入居するよね。その結果入居率が下がるんだ。

そうすると、家賃を下げて入居率を上げるしかない。だから、速やかにローンを完済することが重要になるんだ。たとえば、毎月10万円・年間120万円を繰り上げ返済に当てた場合、約17年間で完済できる」

カツノくん 「17年間だと、僕はまだ52歳ですね」

椿内さん 「そうなんだよ。17年後であれば家賃はあまり下がらず、メンテナンスをしっかりとすれば、月々6万円を2部屋で12万円の収入を得られる。2万2000円の管理費・共益費・修繕積立金を引いても、9万8000円の収入が入ってくるんだ。家賃の下落率を考慮しても、70歳までに2000万円の家賃収入が得られる。

そして、もし引っ越しをしたければ、別に一戸建てを購入すればいい。そうすれば稼げるマイホームの３室を貸すことができ、70歳までに３５００万円以上の収入が予想できる。この収入を住宅ローンの返済に使えば、新しい家のローンも短期で完済でき、最終的に２つの不動産を持てる。

不動産投資は、繰り上げ返済を行うことで早めに完済して、できたお金を次の投資に当てるのが醍醐味なんだ。しっかりと計画を立てればリスクも少なく、長期に渡りインカム・ゲインが期待できる」

カツノくん
「難しいけど、しっかりと計画を立て、計画に沿って進めることが大切なんですね。会社の仕事に似ています」

3つのタイプの部屋割り

椿内さん
「今回説明に使った賃貸併用住宅『稼げるマイホーム』のモデルは、かつて私がフジオカさんへ提案したプランだ。フジオカさんがこれから迎える高齢生活を考えて、家主が１階に住むタイプで考えた。賃貸併用住宅『稼げるマイホーム』の部屋割りについては、タイプが3つあるので説明しよう。それぞれにメリットとデメリットがある」

カツノくん 「おすすめは、家主が1階に住むタイプなんですか？」

椿内さん 「そう、絶対におすすめするね。家主1階タイプのメリットはさっき言ったように2階の賃貸のほうが入居者に好まれやすい点と、あとは大家の老後の生活についてだ」

カツノくん 「老後？」

椿内さん 「部屋が1階だと階段の上り下りが不要だからね。足腰が弱ってくると階段はかなりきつくなる」

カツノくん 「なるほど。ただ、家主1階タイプのデメリットもあるんですよね？」

椿内さん 「家主1階タイプのデメリットは、入居者用の玄関と階段を2つずつ作らないといけないので、その分大家さんの居住部分の面積が減ってしまう。玄関などの設計の制約もあるので、建てられない土地も出てくる」

カツノくん 「それで問題ないんですか？」

椿内さん 「すでに持っているマイホームを賃貸併用住宅『稼げるマイホーム』に

■ 駐車場2台付き
■ 角地
■ 日当たり良好

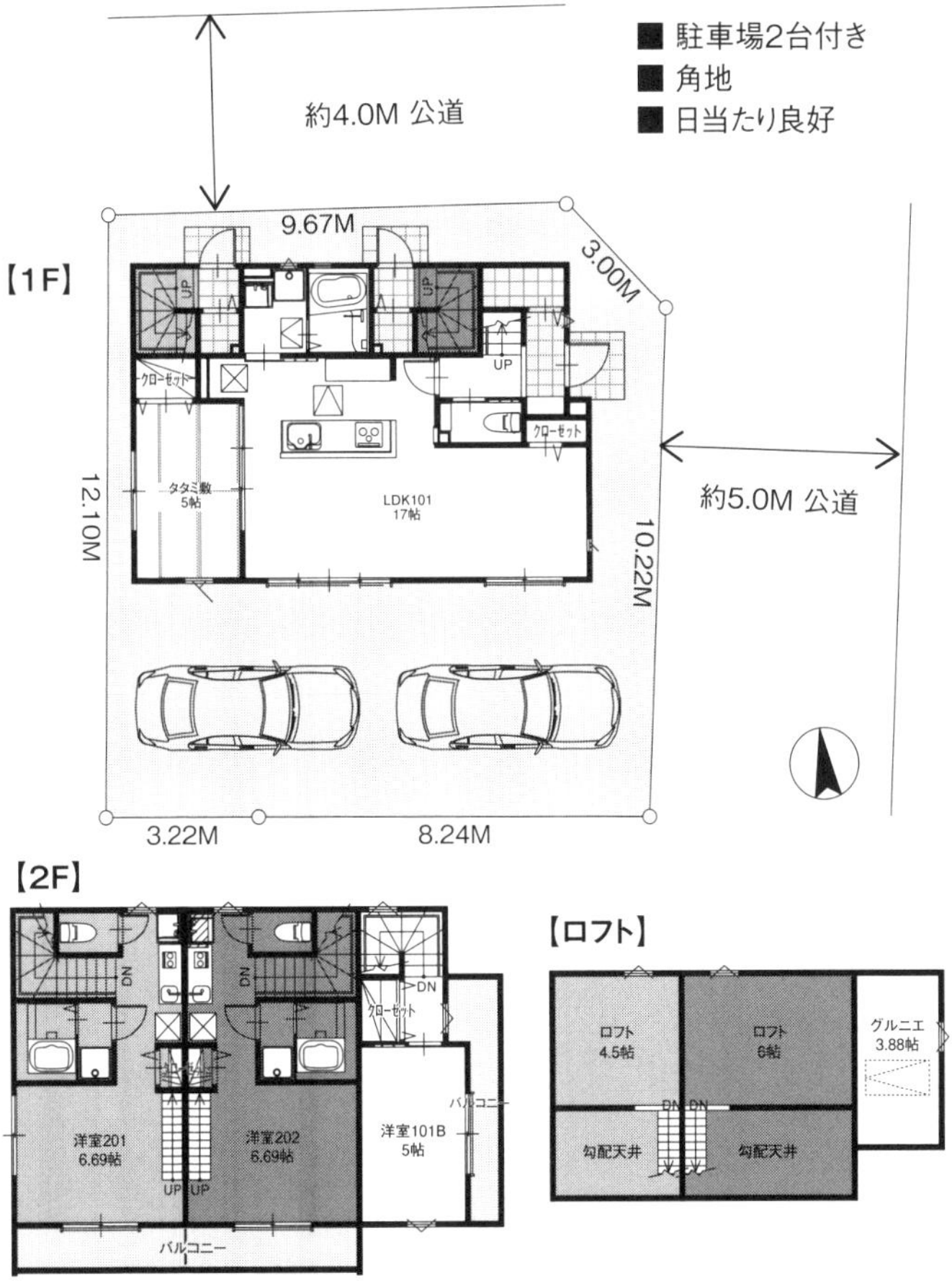

賃貸併用住宅『稼げるマイホーム』　モデル図

建て替える場合、旗竿の土地は難しいと考えておいたほうがよいと思う。旗竿というのは、棒に旗がついているように細長い土地を通らないとメインの土地にたどり着けない土地で、一般的に住宅は建てづらい。

また家主1階タイプのデメリットとして、2階に住む居住者の生活音が気になる。知らない人が2階に住むので、ストレスが溜まるかもしれない」

カツノくん 「1階家主さん型はあまり現実的じゃない、ということですね」

椿内さん 「いや、そうでもないんだよ。たとえばペット好きな家主さんで、入居者もペット好きに限定すれば、同じ嗜好の住人同士になるので、コミュニケーションが良くなる。その結果、生活音も気にならなくなる。

この他にも英語圏の海外留学生専用にして、少し家賃を安くする代わり英語を教えてもらうなど、色々あると思うよ」

カツノくん 「自分が貸す場合の参考になるなあ」

椿内さん 「次に賃貸併用住宅『稼げるマイホーム』でポピュラーなプランは、家主さんが2階に住む場合だ。階段は家主の1ヶ所で済むので、住居面積が無駄にならないし、2世帯住宅に変更するのも簡単だ。
デメリットとしては、入居者が1階に住むことだ。入居者からすれば、安全を考慮すると2階のほうが人気がある。セキュリティをしっかりとした設計が大切だね。
また、家主が若いうちは良いが、高齢になると階段の上り下りが負担になってくるのもデメリットだ」

カツノくん　「3つ目が、縦割りですね。家主と入居者を縦に分けて区切るプランですね」

椿内さん　「縦で分けているので、入居者の生活音が比較的気にならないことがメリットかな。また家主の住居は3階建てにして面積を増やすことができる。デメリットは家主と2階に住む入居者の階段2つが必要となる点。またこちらも、家主が高齢になると階段の上り下りが大変だね」

カツノくん　「3タイプにそれぞれのメリット・デメリットがあることが理解できました。私の場合は、若いので、有効面積がたくさん取れてその分家賃も高くできる、オーナー2階タイプが良いと思います。その代わり外部からの目線遮断や入口のセキュリティを入居者募集の広告に載せたいですね」

椿内さん　「『稼げるマイホーム』の営業ができそうだね」

6つの方程式で事業を成功させよう

椿内さん　「賃貸併用住宅『稼げるマイホーム』についての説明は、以上だよ。カツノくん、十分わかったかな？」

カツノくん　「はい！　老後を考えるうえで、とても魅力的な手段ですね」

椿内さん　「良かった。では、ここまでの総ざらいとして、賃貸併用住宅『稼げるマイホーム』による資産形成を成功させるための『6つの方程式』を紹介しよう。具体的には、

①　駅近に建てる

②　入居者ファーストの設計
③　優秀な管理会社を選ぶ
④　建築コストを削減する
⑤　ローンを繰り上げ返済する
⑥　3タイプの部屋割りを理解する

という6つだ」

カツノくん　「はい。でも、税金のところとかまだよくわからない部分があるのですが……」

椿内さん　「複雑な話は実際に始めるときに勉強すればいいさ。今細かく教えても覚えられない。少なくとも、収益に決定的にかかわる知識はここまでの説明で全て話したつもりだ」

カツノくん　「わかりました。椿内さん、本当にありがとうございます！」

椿内さん　「カツノくんの世代は、時代が全く変わった。私の世代はまだ、新卒で入った会社に勤め上げるのがスタンダードだったからね。そこそこ貯金だけしておけば老後はなんとかなった」

カツノくん　「時代が変わったのは人生100年時代と年金の減額の影響が大きいですよね」

椿内さん　「そうだね。そもそも日本が以前のように経済成長していないので、給料の伸びは期待できないと思う。しかし、共働きのできる環境も整ってきている。保育園の拡充・育児休暇・学費免除・医療費免除などがある。また、副業なども解禁されている。

　厳しい時代だけど、個人の考え方ややり方の工夫で、お子様を育てる環境も整備されてきていると思う」

カツノくん　「頑張りしだいなんですね。椿内さんが計算してくれたように、サボッていると本当に老後破産ですから恐ろしいですよね」

椿内さん　「今の若い人がそうなってしまう未来のケースを少しでも減らしたい。不動産という事業を通してその思いを実現しようというのが、私が本質的にやりたいことなんだ」

カツノくん　「すごく、ありがたいです」

椿内さん　「どういたしまして。そういう意味では、老後の資産形成さえしっかりしていれば方法は別に私の会社の賃貸併用住宅じゃなくてもいいとすら思う。もちろん、『稼げるマイホーム』が一番だと自信を持っておすすめできるけどね」

カツノくん　「それくらいのスタンスで話してくれたほうが逆に信用できます。本当は今日、なにか怪しい投資話でもされるのかとちょっと心配していたんですけど、いい意味で裏切られました」

椿内さん　「そう思ってくれたのなら私も話したかいがあった。カツノくん、あと質問はあるかな？」

カツノくん　「あとは、具体的に進めるなかで教えてください。賃貸併用住宅『稼げるマイホーム』、前向きに考えます！」

エピローグ

希望が持てる未来へ

「ひい、この段ボール重いっ！」

カツノくんと椿内さんの出会いから、1年半後。

今日はいよいよ、カツノくんが『稼げるマイホーム』に引っ越す日です。賃貸部分に住む二人の入居者は、一足先に入居して新築物件暮らしを満喫しています。

この1年半は、あっという間でした。土地の選定、ローンの手続き、物件の設計、建築工事、入居者集め……カツノくんにとっては初めてだらけでわからないことづくし。しかし、椿内さんの絶妙なリードにより特にトラブルもなく、物件の引き渡しまでスムーズに進みました。

フジオカさんからは、「家を持つと本当に大人になった気分になるよ」と言われていましたが、今カツノくんはその言葉の意味を実感していました。物件の引き渡し以降、大きな誇らしさと責任を感じるようになったのです。

ローンを背負うのは不安になるかと思っていたものの、むしろいい意味で気持ちが引き締まり、以前より仕事に身が入るようになりました。

成果もすばらしく上がり、上司からの評価も上がっています。

「カツノくん、食器の入った段ボールってどこ？」

部屋のなかでカツノくんが引っ越しの手を休めてしばし感慨にふけっていると、キッチンのほうから声がしました。そこに立っているのは、小柄な愛らしい女性。

そう、賃貸併用住宅『稼げるマイホーム』づくりは滞りなく進みましたが、とても嬉しい誤算が生まれました。物件購入を決断したときには一人で暮らすつもりだったのが、一人同居人ができたのです。

カツノくんが彼女に出会ったのは、1年ほど前の合コンの場。彼女は不動産関係の仕事をしており、「今、賃貸併用住宅を建てているんだ」というカツノくんの何気ないひと言に彼女がおおいに興味を持ちました。意気投合して、何度かのデートを経てお付き合いを始め、何ヶ月かして「家が建つんだから一緒に住もう」となったのは自然な流れ。二人は結婚を前提として、お互いの両親への挨拶も済ませています。

椿内さんは、「カツノくんは『稼げるマイホーム婚』だね」と笑いながら祝福してくれました。カツノくんも、それはあながち冗談でもないなと感じています。

今までは奥さんを持つ覚悟などなく、無計画にぷらぷら生きていきたいと思っていたのが、家づくりによってマインドが変わったからです。合コンで気になった彼女にアプローチしたのも、マイホームを持つという自信がなければ不可能だった、と振り返っています。

さて、引っ越し作業も大詰めです。カツノくんはよしっ！　と自分に声をかけ、袖を捲り上げました。

春うららかな日、表は日本晴れ。カツノくんがとても満ち足りた気持ちになっているのは、引っ越し作業でいい汗をかいたからだけではないようです。

おわりに

読者の皆さん、本書を最後までお読みいただき、ありがとうございました。

最後に、賃貸併用住宅『稼げるマイホーム』の企画の背景を、もう一度述べて結びにしようと思います。

大学を23歳で卒業して、会社へ就職し60歳まで勤め、定年後、年金と退職金で余生を送り、70～80歳くらいで旅立つ――30年前ほどまでは、そんなストーリーが日本人の人生の典型でした。そうした「ふつう」の人生を実現するために、必死に受験勉強をして、有名大学に入り、大手企業に就職することをみんなが目指していました。

そうして入った会社ではリストラされないように残業をして、大樹の下でサラリーマン生活を全うする。不満があっても、上司や部下と居酒屋で愚痴をこぼしあって、翌朝はまたスッキリと出社する。

「家族のため」「子どものため」を合言葉に、どこか我慢しながらもそれなりの幸せを噛み締めて日々を過ごすサラリーマン稼業。非常にわかりやすく、楽しそうな人生ですよね。

ところが、本書で繰り返し述べてきたように、この王道の人生設計は一変したのです、その最大の要因が、人生100年時代と言われる、超高齢社会の到来です。同時に少子化も追いかけてきました。

人生80歳だったのが人生100歳と20年以上寿命が伸びたうえ、少子化で社会が大きく変化したのです。

さらに、年金の受給期間が20年間も長くなることで、国からすれば支給金額が大幅に増加します。年金の財源であるサラリーマン層が減少し、このままでは枯渇することを国民の誰もが知っています。

政府ではすでに年金支給開始年齢を60歳から65歳に延長しており、近い将来70歳への延長も検討しているようです。くわえて支給金額の減少もすでに始まっています。

そんな時代において、仕事を60歳でリタイアしていては老後暮らすための所得が止まってしまいます。多くの企業で、定年は65歳に延長されました。政府はさらに「1億総活躍社会」を推奨し、企業へは定年の廃止も視野に入れた雇用形態に変更するよう要請をしています。

年金が出なくなる代わりに、AIやロボットを駆使して死ぬまで働ける――そんな時代がすぐそこまで来ているようです。

ただ、そうなれば企業にとっては、高齢従業員の人件費を支払う原資が必要になります。今後、多くの企業が100%成果報酬のフルコミッション制を導入したり、年齢と給与が連動しない体系にしたり、若手に対しても例外としないリストラを行ったりする可能性が予測されるのです。

その結果、年齢が上がることで給与が増えていく、旧日本型の年功序列は全てなくなり、年度ごとに報酬が決まる不安定な給与所得が当たり前の時代を迎えると考えられます。

現在では雇用規制が大変厳しく労働者は守られていますが、今後法改正が成立すれば、正社員でもいきなり退職要請が発生するかもしれません。サラリーマンでもまるでプロ野球選手のように不安定になってしまうかもしれないのです。

さて、以上を踏まえて私は、安定した給与が期待できなくなる未来に備えて、色々な方法で所得を増やす時代になったと考えています。

専門的なスキルを磨き、高額な条件で転職する。

専門的なスキルを生かし、複数の企業と契約する。

若いときから所得が少なくてもできる、少額金融投資を始める。

若いときから所得が少なくてもできる、少額不動産投資を始める。

転職・ダブルワーキング・金融投資・不動産投資を組み合わせて、収入を安定させるのです。

本書で紹介した賃貸併用住宅『稼げるマイホーム』は、人生100年時代を見据えた、マイホーム購入と資産形成のための投資を両立させる手法だと考えています。

20代から40代くらいの皆さん。人生100年時代、これから人生は60年から80年も残っています。そのために長期展望に立った資産計画が必要なのです。

賃貸併用住宅『稼げるマイホーム』は、賃貸アパートで収入を得ることができます。ローンの繰り上げ返済をしていけば、15年くらいで住宅ローンを完済することも可能です。

完済後の家賃収入で、「稼げるマイホーム2号」を購入するのも選択肢でしょう。第1号の「稼げるマイホーム」の住居部を賃貸アパートとして貸せば、あっという間に稼げるマイホーム2号の住宅ローンも返済できます。

副業の大家さんからいつしか本業の大家さんになり、事業家へ転身。こんな将来も夢ではありません。

住宅ローンを活用できるメリットを生かせば、大きな投資の必要な一棟アパートに挑戦しなくても賃貸アパートの経営者となることができるのです。

さらに、稼げるマイホーム1号が古くなったら、建て替えて4世帯賃貸アパートに変身させることも、建て替えずに売却して、現金を得ることもできます。

簡単なリフォーム工事で、入り口が別々の2世帯住宅に作り変えることも出来るのです。

沢山の選択肢があるのが、賃貸併用住宅『稼げるマイホーム』です

なお、本書では主に若い皆さんに向けて説明してきましたが、50代以上でマイホームをお持ちの皆さんも、まだまだ遅くありません。

お子様が巣立ち、2階が空き室になったら、思い切って『稼げるマイホーム』に建て替えてみてはいかがでしょう。新たな投資への不安はあるでしょうが、最初の月から収入が入り、給与・年金の補填をしてくれます。家は新築になるので資産価値も上がります。

お子様が同居されていても、思い切って建て替えてお子様から家賃を取れば、早いローン返済ができます。お子様への遺産となることを説明

すれば、必ずご理解を頂けます。

その後、お子様が独立されたら、賃貸アパートで貸すこともできますし、将来同居が必要であっても、簡単に2世帯住宅に作り変えられます。

住まいとして、資産形成として、活用できるのが賃貸併用住宅『稼げるマイホーム』です。本書で述べた知識によって多くの人が安定した資産形成を実現する未来を祈って、筆をおくこととします。

椿内　学

【著者略歴】
椿内学（つばきうち・まなぶ）
東武東上線沿線の埼玉県内を中心に一棟アパートの用地取得から建築・販売まで一気通貫したサービスを提供する株式会社Best Stage（ベストステージ：埼玉県富士見市）の代表取締役社長。近年は自社設計・施工の賃貸併用住宅「稼げるマイホーム」と、木造3階建てアパートをメインに建築請負に力を入れている。趣味は釣り。

未来《みらい》が描《えが》けていないあなたに
賃貸併用住宅《ちんたいへいようじゅうたく》「稼《かせ》げるマイホーム」のすすめ

2021年10月11日　初版発行

発行　株式会社クロスメディア・パブリッシング
発行者　小早川幸一郎
〒151-0051　東京都渋谷区千駄ヶ谷4-20-3 東栄神宮外苑ビル
https://www.cm-publishing.co.jp
■本の内容に関するお問い合わせ先 …………………… TEL (03)5413-3140 ／ FAX (03)5413-3141

発売　株式会社インプレス
〒101-0051　東京都千代田区神田神保町一丁目105番地
■乱丁本・落丁本などのお問い合わせ先 ……………… TEL (03)6837-5016 ／ FAX (03)6837-5023
service@impress.co.jp
（受付時間　10:00～12:00、13:00～17:00　土日・祝日を除く）
※古書店で購入されたものについてはお取り替えできません
■書店／販売店のご注文窓口
株式会社インプレス　受注センター ………………… TEL (048)449-8040 ／ FAX (048)449-8041
株式会社インプレス　出版営業部 ………………………………………… TEL (03)6837-4635

ブックデザイン　松崎理（yd）
DTP・図版　吉野章（bird location）

印刷・製本　株式会社シナノ
編集協力　仲山洋平（株式会社フォーウェイ）
ISBN　978-4-295-40609-9 C2034